Monika Hofmann / Veronika Kreß / Gabriele Siegel
»Mama, es glockt!«

Monika Hofmann · Veronika Kreß · Gabriele Siegel

»Mama, es glockt!«

**Wie Eltern mit ihren kleinen Kindern
Gottesdienst feiern**

Tips und Modelle

Kösel

Dank an unsere Mini-Gottesdienst-Teams und Familien

Wir bedanken uns recht herzlich bei den Teams aus Fürnheim und Wassertrüdingen, die mit uns die Modelle in diesem Buch entwickelt haben und die Mini-Gottesdienst-Arbeit mit viel Phantasie und Engagement begleiten.

Team Fürnheim:

Manuela Häselbarth
Veronika Kreß
Gabi Siegel

Team Wassertrüdingen:

Anne Heinschild
Monika und Johannes Hofmann
Ruth Losert
Anita Wellhöfer

Unser Dank gilt besonders auch unseren Familien, die unsere ehrenamtliche Arbeit mittragen.

ISBN 3-466-36455-8
© 1996 by Kösel-Verlag GmbH & Co., München
Printed in Germany. Alle Rechte vorbehalten
Druck und Bindung: Kösel, Kempten
Umschlag: Elisabeth Petersen, München

1 2 3 4 5 · 00 99 98 97 96

Viele kleine Menschen, die an vielen
kleinen Orten, viele kleine Schritte tun,
können das Gesicht der Welt verändern.

(Afrikanisches Sprichwort)

Einleitung

Was bringt uns Erwachsene schon noch
groß zum Staunen?
Was verwundert uns eigentlich noch?

Unser durchorganisierter, oft gestreßter
Alltag läßt kaum Zeit für staunenswerte
Kleinigkeiten! In der Zeit der Informations-
flut durch hochmoderne Technik stecken
wir Schreckensnachrichten schnell weg!
Die Frage nach Gott und der Welt und der
Blick auf die kleinen Schöpfungswunder
ist allen Fragen nach Haushaltsorganisati-
on, Berufswahl oder -ein- stieg, Finanzier-
barkeit usw. untergeordnet.

*Vielleicht hat sich das ein bißchen geän-
dert, nachdem unser Kind auf die Welt
kam...*

Es war ein Wunder, was da geschehen ist.
Trotz aller wissenschaftlichen und medi-
zinischen Erkenntnisse, bleibt bei der Zeu-
gung eines Kindes, bei dem Heranwach-
sen eines Embryos im Mutterleib und bei
der Geburt des Kindes etwas von einem

Wunder. In den ersten Lebenstagen eines
Neugeborenen oder auch beim Heran-
wachsen des kleinen Kindes können wir
das Staunen wieder lernen und sind wohl
oft berührt von dem Gedanken, »was das
Leben wohl noch bringen mag, wohin es
wohl noch führen mag für dieses kleine
Wesen, das uns anvertraut ist?«.
Es gab sicher eine Zeit in unserem Leben,
wo wir ganz stark nach dem Sinn unseres
Lebens und verschiedenen Zusammen-
hängen gefragt haben. Jetzt, nach der Geburt unserer Kinder, werden diese Fragen
wieder ganz neu und intensiv gestellt. Unsere Kinder lehren uns, wieder nach Gott
zu fragen, ihn in unser Leben einzubezie-
hen – in den kleinsten Lebenssituationen,
nicht nur am Sonntag in der Kirche oder
bei schwerwiegenden Sorgen und Proble-
men.

*Mit unseren Kindern Gott und die Welt
genau und intensiv erfahren, erspüren und
erleben – das ist das, was uns sicher mit
vielen Müttern und Eltern verbindet.*

Wer wir sind...

Wir Autorinnen sind drei Mütter, die sich in einer ländlichen Gegend »zufällig« gefunden haben, um unsere Phantasie, unser Engagement in bezug auf unsere Kinder und die vielen erfreulichen und bereichernden Erfahrungen hieraus auch anderen zur Verfügung zu stellen.
Jede von uns hat drei kleine Kinder. Zu Beginn des Mini-Gottesdienstes 1992 waren unsere Kinder 0 – 4 Jahre alt. Wir selbst sind im kirchlichen Gemeindeleben stark eingebunden und haben nach der Geburt unserer Kinder aber festgestellt, daß es für uns als ganze Familie kaum noch Angebote in der Kirche gibt.
Insbesondere der gemeinsame Gottesdienstbesuch wurde unmöglich. Der Hauptgottesdienst wurde zur Tortur, weil die Kleinen schrien, quängelten und bald wieder nach Hause wollten und weil uns manch mißbilligender Blick schnell verunsicherte.
Für den Kindergottesdienst waren die Kinder noch zu klein – und hier sind die Eltern auch selten mit dabei. Die Familiengottesdienste fanden – wenn überhaupt – nur zwei Mal im Jahr statt. Kaum zu glauben, aber in dieser Beziehung waren wir – obwohl unsere Kinder doch gerade durch die Taufe in der Gemeinde angenommen und aufgenommen waren – isoliert!

So, was tun? – Selbst ist die Frau: Es entstand die Idee zum Mini-Gottesdienst. Ein Gottesdienst für die Kleinsten (0-6 Jahre) in der Gemeinde mit ihren Eltern, Großeltern, Paten usw.

Was wir mit diesem Buch wollen...

»Ist der liebe Gott nun gar nicht so lieb und sieht alles, was ich anstelle und bestraft mich oder sieht er alles und petzt nicht?« Was für ein Gottesbild bekommen unsere Kinder? – Ist es der große, drohende Zeigefinger und das schlechte Gewissen oder ist es der gute Freund, der uns lieb hat?

Es ist uns nicht egal, mit welchem Gottesbild unsere Kinder aufwachsen. Wir wollen unseren Teil dazu beitragen, daß sie einen Glauben finden, der sie stärkt und zu sensiblen, wachen, kritischen und selbstbewußten Menschen werden läßt.

Wir haben unser Buch jungen Familien zuliebe geschrieben und wünschen, daß es für viele eine Hilfestellung sein wird: den Eltern zuhause, den Müttern in der Mutter-Kind-Gruppe, den Erzieherinnen im Kindergarten und allen, die Lust auf Gottesdienste mit Kleinkindern haben. Dabei wollen wir keine konfessionelle Grenze ziehen.

Wir haben selbst erfahren, wie hilfreich Ideen und Gedanken aus Büchern über *katholische und evangelische* Gottesdienste für uns sein können. So werden sicher sowohl evangelische als auch katholische Gemeinden neue Anregungen für Ihre Eltern-Kind-Gottesdienste in unserem Buch finden. Nicht zuletzt macht es auch Spaß *gemeinsam* Gott zu loben und zu feiern – wir, als evangelische Kirchengemeinde,

haben regelmäßig auch katholische Gäste unter uns. Außerdem: Wo sonst soll Ökumene wachsen können, wenn nicht bei den »allerkleinsten Christen«, die wir bei ihren ersten Glaubenserfahrungen begleiten!

Wir wollen anderen Müttern bzw. Eltern als sogenannten »Laien« *Mut zum Mini-Gottesdienst* machen, weil sie die Fachleute bezüglich ihrer Kinder sind. Und alle werden sehen: Mini-Gottesdienst macht Mut! Und für alle, die Mini-Gottesdienst mitgestalten, ist es eine besondere Herausforderung, Kinder *und* Erwachsene anzusprechen. Für uns war und ist dies eine bereichernde Erfahrung.

Das Buch soll also Mut machen, in einer Kirchengemeinde Mini-Gottesdienste zu feiern. Es bietet Leuten, die mit Mini-Gottesdiensten anfangen, und Leuten, die sich fragen, wie es mit dem Mini-Gottesdienst weitergehen soll, zahlreiche und konkrete Anregungen. Darüberhinaus soll es das Selbstbewußtsein für einen persönlichen Stil in der Mini-Gottesdienst-Arbeit stärken. Zudem wird dieses Buch Eltern von kleinen Kindern Anstösse für ihre religiöse Kindererziehung geben.

Das Buch streift kirchenpolitische Konsequenzen, die unseres Erachtens notwendig sind, um den jungen Familien gerecht zu werden und ein lebendiges Gemeindeleben zu forcieren.

**Der Mini-Gottesdienst:
Es macht Spaß, gemeinsam
Gott zu loben und zu feiern**

Wir wollen unsere Ideen »unters Volk streuen« und unser Licht als Ehrenamtliche nicht unter den Scheffel stellen. Wir haben mit unserem Mini-Gottesdienst-Konzept jahrelange gute Erfahrungen in zwei ländlichen evangelischen Kirchengemeinden gemacht. Eine Kirchengemeinde zählt 326 Gemeindeglieder (Dorf) und die andere 2600 (Kleinstadt). Interessant ist, daß der Mini-Gottesdienst vor ca. acht Jahren in den Großstädten begonnen hat und jetzt nach und nach in den kleinen Dörfern Einzug hält; dort hat er fast noch revolutionären Charakter. Doch hat sich inzwischen gezeigt, daß der Mini-Gottesdienst auch auf dem Land seine Chancen hat (familiäre Atmosphäre, Überschaubarkeit usw.).

Um dieses Buch zu schreiben, bedarf es Mut..., aber wie gesagt:

*Mini-Gottesdienst
macht Mut!*

Dieses Zeichen wird ein ständiger Begleiter in unserem Buch sein.

Übrigens noch eine Anmerkung zum Titel: Der Ausruf *»Mama, es glockt!«* stammt von einem 3jährigen; er rief es laut in die Kirche hinein, als zu Beginn des Mini-Gottesdienstes die Glocken läuteten.

**Mini-Gottesdienst
ist ein Gewinn
für**

Kinder **Eltern** **und Gemeinde**

weil...

... sie gemeinsam als Familie Gottesdienst feiern können

... Gottesdienst streßfrei für die Erwachsenen und ansprechend für die Kinder erlebt werden kann

... den Kindern ein positives Gottesbild vermittelt werden kann

... Kinder und Erwachsene aus einer *gemeinsamen* Erfahrung aus dem Mini-Gottesdienst heraus, Erfahrungen im Alltag verstehen und verarbeiten können (z.B. Umgang mit Wasser)

... es auch die Eltern wieder *neu* anspricht, wenn mit kindgemäßen Methoden, einfache und grundlegende Glaubensinhalte vermittelt werden

... Mini-Gottesdienste Anregungen für den Umgang mit religiösen Themen zuhause geben

... die Kirche unseren Kindern von Anfang an vertraut wird

... Mini-Gottesdienste die Gemeinde lebendig machen

... Mini-Gottesdienste dem Gemeindeaufbau dienen (junge Familien kommen in die Kirche; kirchenfernen Familien wird eine Brücke gebaut)

... die Kirchengemeinden so ihrer Aufgabe nachkommen können, die Familien nicht alleine zu lassen.

... die Kirchengemeinde so ihrer Verantwortung für die jungen Familien *nach der Taufe* ihres Kindes nachkommen kann

... Ehrenamtliche hier eine wichtige Aufgabe und Mitverantwortung für das Gemeindeleben übernehmen können

... Mini-Gottesdienste Mut zu neuen Gottesdienstformen machen:
zu *familienfreundlichen Gottesdiensten*!

1. Was ist ein Mini-Gottesdienst?

– Krabbelgottesdienst
  – Kirche für die Kleinsten
    – Eltern-Kind-Gottesdienste
      – fröhliche Kinderkirche
        – Mini-Gottesdienst

So lauten die Bezeichnungen für die Gottesdienst-Modelle der Kleinsten in der Gemeinde mit ihren Eltern, Großeltern und Paten. Wir haben uns für die Bezeichnung Mini-Gottesdienst entschieden. Er ist aus dem Mini-Treff und aus dem Mini-Club heraus entstanden. Er ist weder mini in seiner Aussage noch mini in seiner Resonanz. Im Gegenteil!

Der Mini-Gottesdienst ist das Angebot für die Kleinsten (0-6 Jahre) in der Gemeinde mit ihren Eltern, Geschwistern, Großeltern und Paten. Somit sind die Kinder eingeladen, die für den Kindergottesdienst häufig noch zu klein und vom herkömmlichen Familiengottesdienst überfordert sind.

Form, Ablauf und Länge des Mini-Gottesdienstes sind ganz auf die Bedürfnisse der Kleinsten abgestimmt.

Zum Thema Schöpfung wird beispielsweise nicht nur mit dem Wasser geplanscht und geplätschert, daß es eine Freude ist; es wird auch die Kostbarkeit des Wassers zur Lebenserhaltung von Menschen, Tieren und der Natur entdeckt. Jetzt können die Kinder und die Erwachsenen in ihrem Alltag – beim Wasserplanschen, Blumengießen und Trinken – auf ihre gemeinsame Erfahrung im Mini-Gottesdienst zurückgreifen. So kommt spielerisch der Schöpfungsgedanke in unser Leben und begleitet uns wie selbstverständlich.

»Mini-Gottesdienst? –
Wir haben doch schon
den Kindergottesdienst!«

So oder ähnlich hört man gelegentlich, wenn Gemeinden sich noch nicht näher mit dem Mini-Gottesdienst befaßt haben. Es ist uns sehr wichtig, daß dieser Unterschied geklärt ist: Im Kindergottesdienst werden *Kinder von 4 – etwa 12 Jahren* angesprochen, während der Mini-Gottesdienst *die ganze Familie mit kleinen Kindern von 0 – 6 Jahren* einlädt. Entsprechend anders sind natürlich Inhalte und Gottesdienstdauer ausgerichtet. Der Mini-Gottesdienst ist also eher als *Eltern-Kind-Gottesdienst* oder als *kleiner Familiengottesdienst* zu verstehen und zu bezeichnen!

Der Mini-Gottesdienst sollte auch *keine Konkurrenz zum Kindergottesdienst* sein! Wir haben in unseren Gemeinden die Erfahrung gemacht, daß eine eindeutige Altersgrenze (z.B. Kindergottesdienst erst ab 6 Jahre) dieses Anliegen deutlich erleichtert. Wenn wir uns unsere Kirchengemeinde als ein lebendiges Miteinander von Jung und Alt, Groß und Klein wünschen, dann braucht der Mini-Gottesdienst einen festen Platz im Gemeindeleben. Auch das Gebäude Kirche wird uns – wieder oder ganz neu – vertraut als Versammlungsstätte, in der wir Gottesdienst feiern können, in der wir fröhlich und nachdenklich sein können, in der wir mit anderen Menschen zusammen Gott suchen und erleben können.

Der Minigottesdienst kann das i-Tüpferl der Mutter-Kind-Arbeit sein. Viele Mütter oder junge Eltern aus den Mutter/Eltern-Kind-Gruppen wollen neben gemeinsamem Basteln, Singen und Spielen auch gemeinsam Gottesdienst feiern.

Religiöse Fragen werden unweigerlich in einer Familie gestellt, in der ein Kind geboren wird, ein Familienmitglied stirbt oder irgendwelche schwerwiegenden Veränderungen anstehen. Mini-Gottesdienste greifen häufig diese Fragen auf. Es ist geradezu die Aufgabe der Kirchengemeinde, die Familien in ihrer individuellen Situation nicht allein zu lassen, sondern mit hineinzunehmen in die Gemeinschaft mit anderen Familien.

Die Arbeit mit jungen Familien gewinnt immer mehr an Bedeutung – auch in der Kirche. Als kleinste Zelle der Gemeinschaft hat die Familie eine besondere Funktion und Aufgabe. Werte, die hier erfahren und erlernt werden können – Gemeinschaftsgefühl, Verbindlichkeit, Hilfsbereitschaft usw. –, sind für eine soziale und demokratische Gesellschaft bitter notwendig. Wenn die Kirche hier ihrer Verantwortung gerecht werden will, muß sie dazu ihren Beitrag leisten und die jungen Familien stärken und unterstützen.

2. Wo kann ein Mini-Gottesdienst entstehen?

»Überall, wo jemand bereit ist, Mini-Gottesdienst zu gestalten – ehrenamtlich oder hauptberuflich.« Mini-Gottesdienst kann dort entstehen

– wo Kinder sind,
– wo Mütter und Väter bereit sind, kindgemäß Gottesdienst zu feiern und Gemeinde mitzugestalten,
– wo Kirchengemeinden die Bedürfnisse der jungen Familien ernstnehmen,
– wo seitens der Verantwortlichen in der Kirchengemeinde erkannt wird, daß Mini-Gottesdienste wichtige Bausteine für eine lebendige Gemeinde sind.

Suchen Sie sich Gleichgesinnte und stärken Sie sich untereinander, das Anliegen des Mini-Gottesdienstes vorzustellen und entsprechend zu vertreten. Als Argumentationshilfe kann auch die Auflistung in Kapitel 1, S. 12, dienen.

– ...in einer familienfreundlichen Gemeindestruktur.
Wo in einer Gemeinde junge Familien leben, es eventuell ein Neuzuzugsgebiet

gibt, sorgen meistens die Mütter für Gelegenheiten, sich zu treffen und sich auszutauschen. Mutter-Kind-Gruppen oder Eltern-Kind-Gruppen wachsen wie Pilze aus dem Boden. In diesen Mutter-/Eltern-Kind-Gruppen kann die Idee eines Mini-Gottesdienstes entstehen. Wenn man so viele erste Schritte – wie Basteln, Singen, Tanzen und Toben – gemeinsam macht, dann feiert man auch den ersten gemeinsamen Gottesdienst gerne miteinander.

Aber auch ohne die hilfreiche Stütze der Mutter-Kind-Arbeit kann Mini-Gottesdienst gefeiert werden. Nur kann dann das Zusammenfinden eines Vorbereitungsteams und das Ansprechen junger Familien schwieriger werden.

»Große Leut, kleine Leut, singen heut, klatschen heut, daß Gott sich daran freut!«

3. Wer kann einen Mini-Gottesdienst vorbereiten?

Grundsätzlich meinen wir: alle, die Lust dazu haben! Meistens werden das Frauen und Männer sein, die selbst Kinder im entsprechenden Alter haben oder zumindest öfter kleine Kinder miterleben. Sie wollen aus ihrer (Familien-)Situation heraus gerne etwas im Gemeindeleben für ihre Kinder und Familien mitgestalten und anbieten. Dieses Interesse an aktiver, lebendiger Gemeindearbeit kann und darf nicht vor dem Angebot »Gottesdienst« haltmachen!

In jeder Gemeinde wird sich die Vorbereitung von Mini-Gottesdiensten, den Bedürfnissen, Möglichkeiten und Fähigkeiten entsprechend, anders gestalten.

Die Vielfalt der verschiedenen Amtsbezeichnungen in unserer Kirche ist beachtlich...

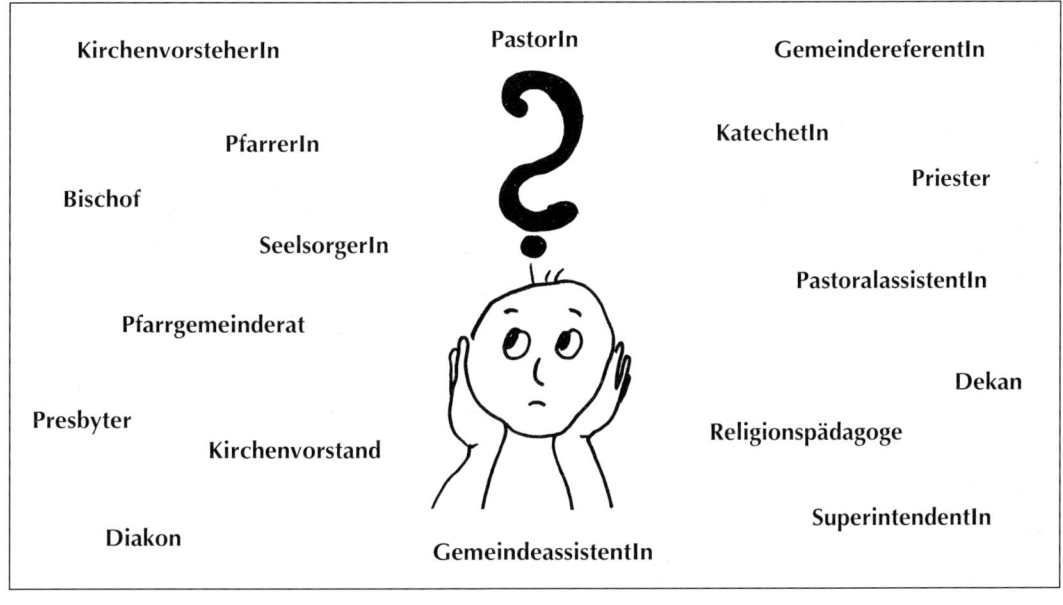

KirchenvorsteherIn PastorIn GemeindereferentIn

PfarrerIn KatechetIn

Bischof Priester

SeelsorgerIn

PastoralassistentIn

Pfarrgemeinderat

Dekan

Presbyter Religionspädagoge

Kirchenvorstand

SuperintendentIn

Diakon GemeindeassistentIn

Aber wir wollen in diesem Buch keine Verwirrung stiften und haben uns darum auf den Begriff »Hauptamtliche« beschränkt. Wir denken, alle werden mit dieser Bezeichnung zurechtkommen und sich einmal ganz pauschal ansprechen lassen...!

Es gibt viele Möglichkeiten, wie sich ein Mini-Gottesdienst-Team zusammensetzen kann:

wie wir finden – für eine lebendige Gemeinde unentbehrliche Gottesdienstform neugierig zu sein!

Sicher gibt es auch Mütter oder Väter in der Gemeinde, die beim Ausprobieren mithelfen möchten und können!

Hauptamtliche allein

Hauptamtliche übernehmen Vorbereitung und Durchführung des Mini-Gottesdienstes allein. Viele Hauptamtliche können gute Mini-Gottesdienste halten (und einige tun es auch schon ...!). Viele Hauptamtliche kennen allerdings diese noch relativ junge Gottesdienstform überhaupt noch nicht oder haben (noch) keine Erfahrung im Umgang mit kleinen Kindern oder verwechseln einen Mini-Gottesdienst mit Kindergottesdienst oder Familiengottesdienst im herkömmlichen Sinne.

Darum wollen wir an dieser Stelle ganz besonders allen Pfarrer/innen, Gemeindereferent/innen, Vikar/innen und Theologiestudent/innen Mut machen, auf diese –

Hauptamtliche und Helferteam

Der/die Hauptamtliche leitet die Vorbereitungsgespräche und führt durch den Gottesdienst, der von dem Helferteam mitgestaltet wird.

Hauptamtliche, die durch Erfahrung, Ausbildung und Persönlichkeit gute Voraussetzungen für den Mini-Gottesdienst mitbringen, können so Eltern, die gerne mitarbeiten möchten, aber lieber keine oder weniger Verantwortung übernehmen wollen – oder einfach noch unsicher sind – die Möglichkeit geben, Gottesdienst mitzugestalten.

Die in dieser Form mitarbeitenden Mütter und Väter können mit der Zeit Erfahrungen sammeln und Sicherheit für den Mini-Gottesdienst gewinnen. Vielleicht wird manch eine(r) Lust auf »mehr« haben. Und wer mehr Verantwortung übernehmen will, wird sicher eine Möglichkeit finden, mehr, d.h. aktiver und den eigenen Fähigkeiten entsprechend, Mini-Gottesdienst mitzugestalten.

Das mag anfangs nicht immer auf Verständnis stoßen und fordert dann ein gutes Durchhaltevermögen und fröhliches Engagement in und mit der Gemeinde – wir hoffen, es lohnt sich!

Eltern bilden zusammen mit Hauptamtlichen ein Mini-Gottesdienst-Team

Eltern machen Mini-Gottesdienst

Jede/r fühlt sich als vollwertiges Team-Mitglied – es wird gemeinsam vorbereitet und gemeinsam Gottesdienst gestaltet.
– Der/die Hauptamtliche ist nicht mehr unersetzlich → Arbeitserleichterung für Hauptamtliche → Selbstwertgefühl der Mütter und Väter wird gefördert.
– Die Gemeinde kann erleben, daß der oft empfundene Abstand von Hauptamtlichen und Gemeinde nicht sein muß. Und mit der Zeit wird sie sich vielleicht (hoffentlich) anstecken lassen von dem Wunsch nach Lebendigkeit in Kirche und Gemeinde. Und eine lebendige Gemeinde wird immer mitgestalten wollen!

Mütter und Väter bilden ein Team, bereiten alleine vor und führen den Mini-Gottesdienst gemeinsam durch.

Diese hier zuletzt aufgeführte Möglichkeit einer Mini-Gottesdienst-Team-Zusammensetzung ist uns in diesem Mutmachbuch ganz besonders wichtig.

Denn von diesem Team wird sicherlich die größte Überwindung, der größte Mut gefordert! – Gegenüber
– sich selbst
– dem Pfarrer/der Pfarrerin, den Hauptamtlichen
– dem Kirchenvorstand, Pfarrgemeinderat
– der Gemeinde

Denn im konventionellen Empfinden gehören Hauptamtliche in einen Gottesdienst. Diese Gedanken und Vorstellungen sind verständlich – wir alle werden Gottesdienst nur so (Ausnahme vielleicht: Kindergottesdienst) von klein auf erfahren haben.

Aber es gibt genügend Gemeinden, in denen keine Hauptamtlichen für einen Mini-Gottesdienst zur Verfügung stehen, wegen:
– Vakanz
– Halbzeitstelle
– andere Gemeindeaufgaben sind zu umfangreich für den Pfarrer
– Hauptamtliche/r hat kein oder wenig Interesse am Mini-Gottesdienst

Es gibt inzwischen Hilfestellungen, die gerade am Anfang sehr nützlich sein können:
– Erfolgreiche Mini-Gottesdienst-Teams haben Mini-Gottesdienst-Abläufe herausgegeben (siehe Literaturliste im Anhang).
– Es werden Fortbildungen angeboten (erkundigen Sie sich bei Ihrer kirchlichen Gemeinde vor Ort bzw. in der nächsten Großstadt).

Hören Sie sich um: es gibt vielleicht irgendwo in der Nähe jemanden, der Erfahrungen weitergeben kann. Vielleicht besuchen Sie auch Mini-Gottesdienste in Nachbargemeinden.

Und natürlich soll dieses Buch allen, die Lust auf Mini-Gottesdienstarbeit haben, »auf die Sprünge helfen«

Sind die ersten Hürden genommen (siehe 8. Checkliste – Rahmenbedingungen für den Anfang mit der Mini-Gottesdienst-Arbeit) und der erste Mini-Gottesdienst hat stattgefunden, werden Sie immer mehr Sicherheit spüren und sie an die Gemeinde weitergeben können.

Wenn in solchen Gemeinden Eltern Interesse und Lust am Mini-Gottesdienst haben, wollen wir sie auffordern, einfach anzufangen.

– Versuchen Sie, ein Eltern-Team zu gründen!
– Lernen Sie sich und Ihre Fähigkeiten kennen!
– Fangen Sie einfach an!
– Wir wissen aus eigener Erfahrung: es geht, es macht Spaß, es macht Mut!

Natürlich gibt es noch unzählige Variationen zur Team-Bildung ... Für jede Gemeinde wird es eine passende Lösung geben – sie muß nur gesucht und gefunden werden!

Durch seine Zusammensetzung wird und muß jedes Mini-Gottesdienst-Team ein eigenes Gesicht haben! Die Arbeit dieses Teams wird geprägt sein durch die persönlichen Interessen, Erfahrungen und Fähigkeiten der einzelnen und natürlich durch die Struktur der Kirchengemeinde.

Darum werden und müssen Mini-Gottesdienste sowohl in der Vorbereitung, als auch in der Durchführung durch verschiedene Team-Konstellationen überall anders sein! – Eine Herausforderung an jede Gemeinde!

4. Wie kann der Raum aussehen, in dem der Mini-Gottesdienst gefeiert wird?

»Wo zwei oder drei in meinem Namen versammelt sind, da bin ich mitten unter ihnen« (Matthäus 18, 20) – deswegen kann ein geeigneter Raum für die Mini-Gottesdienste ganz verschieden aussehen.

Wir feiern ...in der Kirche

Wir feiern unseren Mini-Gottesdienst in der Kirche, weil wir uns wünschen, daß die Kirche unseren Kindern vertraut wird.

Die Kirche soll für unsere Kinder ein Ort werden, an dem sie mit Gott eine erste und gute Bekanntschaft machen können. In unseren ländlichen Gemeinden besuchen zwischen 50 und 100 Leute den Mini-Gottesdienst. Wir sitzen in einem großen Kreis um den Altar. Mit Hilfe von Bänken, Stühlen und – den Kindern besonders lieb gewordenen Papphockern – haben wir genügend Sitzgelegenheiten im Altarraum. Wir wollen einander anschauen, uns mitteilen, uns zuhören, miteinander ins Gespräch kommen, uns austauschen – das geht besonders gut in einem Kreis oder mehreren Reihen im Kreis. Sicherlich spielt für die Wahl des Raumes und der Sitzordnung auch die Anzahl der Familien eine große Rolle. In einer kleinen, vertrauten Runde

(bis ca. 50 Personen = ca. 20 Familien) stellt sich bald eine persönliche, warme Atmosphäre ein. So ist es in den kleinen Dörfern, wo monatlich in der Regel dieselben Familien zum Mini-Gottesdienst kommen.

Für Geschichten oder Aktionen im Hauptteil des Mini-Gottesdienstes holen wir die Kinder in der Mitte zusammen.

Sie sitzen auf Fleckerlteppichen um die Erzählerin herum und sind so hautnah dabei. Wenn die Kirche (nicht nur im Winter) kalt und ungemütlich ist, können Heizstrahler, die extra aufgestellt werden, Abhilfe schaffen.

...im Gemeindesaal   **...unter freiem Himmel**

Geschmückter Taufstein beim Tauferinnerungs-Mini-Gottesdienst

Bei jedem Mini-Gottesdienst brennt auf
unserem geschmückten Taufstein die Tauferinnerungskerze, weil jeder Mini-Gottesdienst uns an unsere Taufe erinnert.
Natürlich brennen auch die Kerzen auf
dem geschmückten Altar. Die Osterkerze
oder die Jesuskerze kann bewußt mit den
Kindern zu Beginn des Gottesdienstes angezündet werden.
Haben Sie Phantasie bei der Gestaltung
Ihres Gottesdienstraumes!

*Haben Sie Phantasie
bei der Gestaltung
Ihres Gottesdienst-
raumes!*

5. Wann, wie lange, wie oft feiern wir Mini-Gottesdienst?

Wir feiern den Mini-Gottesdienst einmal im Monat an einem Sonntag von 10.30 Uhr bis ca. 11.00 Uhr.

Am Sonntag deshalb, weil eben an einem Sonntag Gottesdienst gefeiert wird – und die *Familie* an diesem Tag in der Woche Zeit hat, gemeinsamen Gottesdienst zu erleben; nach dem Motto: Gib der Seele einen Sonntag, gib dem Sonntag eine Seele (von Peter Rosegger, EKG, S. 318).

Um 10.30 Uhr deshalb, weil es der frühest mögliche Zeitpunkt nach dem Hauptgottesdienst (von 9.00 Uhr – 10.00 Uhr) ist, Zeit zum Essen bleibt und der Nachmittag dann noch frei ist für die Familie.

Eine halbe Stunde deshalb, weil eine längere Dauer die kleinen Kinder überfordern würde.

Regelmäßig einmal im Monat deshalb, weil der Mini-Gottesdienst mit seiner Liturgie besonders den Kindern vertraut werden soll.

Es gibt auch Mini-Gottesdienste, die am Samstagnachmittag oder Sonntagnachmittag gefeiert werden. Dies muß mit den Gegebenheiten vor Ort abgestimmt werden.

Wenn Sie Ihren Mini-Gottesdienst allerdings an einem Samstag und da am besten nicht in der Kirche feiern sollen, weil der Mini-Gottesdienst halt doch kein so richtiger Gottesdienst ist, dann werden Sie hellhörig! Entscheiden Sie im Team über Ort und Zeit und suchen Sie nach Möglichkeiten, dies zu realisieren. Wege und Argumente dazu finden Sie in diesem Buch.

6. Arbeit im Team

Wenn Mütter/Väter den Mini-Gottesdienst vorbereiten, sind meistens auch ganz kleine Kinder dabei. Daraus ergibt sich häufig eine familiäre Arbeitsatmosphäre! Räumlichkeiten mit Platz zum Spielen sind daher sicher willkommen. Das können Gemeinderäume bieten und natürlich ganz besonders unsere eigenen privaten Wohnungen. Ist der erste Treffpunkt gefunden, kann die Arbeit im Team losgehen:

– Inhalt, Schwerpunkte, Ergiebigkeit und Schwierigkeiten des Themas herausarbeiten → eigenes theologisches Verständnis
– Inhalte des Themas für den Mini-Gottesdienst eingrenzen und eventuell neue Schwerpunkte setzen → was soll bei den Kindern »rüberkommen?«
– Ideen, Texte, Lieder, Gebete, Aktionen sammeln
– auswählen und in einer Mini-Gottesdienst-Liturgie einordnen (siehe Kapitel 9)

Planung eines Mini-Gottesdienstes

– Termin für den nächsten Mini-Gottesdienst suchen und festmachen
– Thema finden

Aufgaben verteilen

Nach der Fertigstellung des Mini-Gottes-
dienst-Ablaufs werden die Aufgaben ver-
teilt:
– Wer übernimmt welche Aufgaben im
  Ablauf des Mini-Gottesdienstes (2 – 3
  Leute genügen, mehr wirkt oft unru-
  hig)?
– Wer formuliert Texte, Gebete?
– Wer schreibt/druckt Liedblätter?
– Wer kümmert sich um Material für Ak-
  tionen?
– Wer übernimmt die Öffentlichkeitsar-
  beit/Werbung (Gemeindebrief, Schauka-
  sten, evtl. Zeitung usw. siehe Kapitel 7)?
– Wer bereitet den Gottesdienstraum vor
  (und wann?)?

nen und klären helfen und uns durch po-
sitive Erfahrungen Sicherheit und Selbstbewußtsein vermitteln.
Jedes bewußte Aufarbeiten bringt uns persönlich und damit unsere Mini-Gottesdienst-Arbeit ein Stück weiter!

Noch ein Tip:
Legen Sie einen Ordner an, in dem alle
gehaltenen   Mini-Gottesdienst-Abläufe
samt ausformulierter Texte, Gebete usw.
gesammelt werden! Er kann zu einem
wertvollen Arbeitsmaterial des Mini- Got-
tesdienst-Teams werden:
– z.B. kann ein Jahresrückblick sehr auf-
  schlußreich für die Arbeit und Entwick-
  lung im Team sein
– ein Jahresbericht kann auch für entsprechende Gremien interessant sein
– und natürlich sind viele Bausteine der
  Mini-Gottesdienste an anderer Stelle

Nachbereitung

Die Nachbereitung eines Mini-Gottes-
dienstes ist für die weitere Mini-Gottes-
dienst-Arbeit besonders wichtig.
– Wie ist der letzte Mini-Gottesdienst ge-
  laufen?
– Was war gut?
– Was haben wir uns anders vorgestellt?
– Was kann man besser machen?

Die Reflektion eines Mini-Gottesdienstes
kann Unsicherheiten und Pannen erken-

neu einsetzbar, und »alte« Mini-Gottesdienste können nach einiger Zeit auch wiederholt werden oder bieten anderen Mini-Gottesdienst-Teams neue Anregungen.

Meistens wird ein Vorbereitungstreffen nicht ausreichen: Geplantes muß noch ausformuliert, zusammengesucht und überprüft werden. Wir kommen in unseren Teams meistens mit zwei Treffen aus. Wieviel Zeit für die jeweilige Mini-Gottesdienst-Vorbereitung benötigt wird und erbracht werden kann, muß jedes Team aufgrund der zeitlichen Belastbarkeit der einzelnen ausprobieren. Gesammelte Erfahrungen und erworbene Sicherheit werden mit der Zeit die Vorbereitungen erleichtern.

Mini-Gottesdienst-Arbeit fordert viel Zeit – eine Zeit, die wir für die Gemeinde und ganz persönlich für uns selbst nutzen können, die uns bereichern und weiterführen kann!

7. Werbung: Wie machen wir den Mini-Gottesdienst bekannt?

Die persönliche Einladung ist die direkteste und effektivste Möglichkeit, für den Mini-Gottesdienst zu »werben«; dies kann über Kontakte in der Nachbarschaft, in der Mutter-Kind-Gruppe usw. geschehen.

Im Rahmen der Kirchengemeinde können über den Gemeinde- und Pfarrbrief über die Abkündigungen im Gottesdienst und über Plakate im Schaukasten die jeweiligen Mini-Gottesdienst-Termine bekannt gegeben werden; zum einen werden damit die betroffenen Familien eingeladen, zum anderen wird der ganzen Gemeinde deutlich, daß der Mini-Gottesdienst seinen festen Platz im Gemeindeleben hat.

Der Pfarrer/die Pfarrerin hat außerdem die Möglichkeit, beim Taufgespräch die Eltern auf den Mini-Gottesdienst aufmerksam zu machen.

Über Plakate und Handzettel im Kindergarten und in Geschäften kann ebenfalls auf den Mini-Gottesdienst hingewiesen werden.

Schließlich kann auch über die Lokalpresse Öffentlichkeitsarbeit betrieben werden, indem die Termine der Mini-Gottesdienste im Veranstaltungskalender auftauchen, oder indem beispielsweise ein Bericht mit Bild über einen Mini-Gottesdienst in der Zeitung erscheint. Zum Beispiel:

Mini-Gottesdienst einmal anders

So feierten „große Leut" und „kleine Leut" im Sommer einen Open-Air-Gottesdienst mit dem Thema: „Ein Haus auf Steinen gebaut!"

Im Sandkasten hinter dem Gemeindehaus wurde ein kleiner Altar aufgestellt. Die Kinder und Erwachsenen konnten einen Versuch mit aufbauen und verfolgen: Das Haus auf dem Sandberg fällt bei Unwetter ein, das Haus auf dem Steinberg bleibt stehen. „Wer an Gott glaubt, der baut sein Haus auf Stein."

EINLADUNG ZUM SONNTAGS-KAFFEE
mit Liedern und Gebeten aus dem Mini-Gottesdienst

Wir laden alle jungen Familien herzlich ein:

am Sonntag, den 8. Oktober 1995, ab 15.00 Uhr, im Gemeindehaus.

Das Mini-Gottesdienst-Team

Es ist sinnvoll, ein wiederkehrendes Motiv bei der Werbung im Gemeindebrief, auf Plakaten und Handzetteln zu verwenden, welches auf den ersten Blick von der Zielgruppe wiedererkannt wird. Insgesamt sollten dabei Ort, Zeit, Adressaten und eventuell ein besonderes Thema des Gottesdienstes deutlich werden.

Lassen Sie Ihre Phantasie spielen, um die Werbung einladend zu gestalten.

8. Checkliste – Rahmenbedingungen für den Anfang mit der Mini-Gottesdienst-Arbeit

Team bilden

Ehrenamtliche und Hauptamtliche ansprechen und als Mitarbeiter/innen gewinnen

Kontakt zur Kirchengemeinde

d.h. zu Pfarrer/innen und Kirchengremien
– für das Vorhaben »Mini-Gottesdienst« gewinnen
– gegenseitige Erwartungen, Finanzielles und Organisatorisches abklären (z.B. ist grundsätzlich der Mesner da? Wer schließt auf? Wer heizt? Wer sorgt für Blumenschmuck? Wer leert die Opferbüchsen? Läuten die Glocken anfangs und während des Vater unsers? ...)

Teamarbeit

– Erwartungen, Wünsche und Ziele besprechen
– Uhrzeit und Dauer der Gottesdienste, Alter der Kinder usw. absprechen

– Termine und Themen der Gottesdienste festlegen
– Vorbereitung (Materialliste erstellen, Aufgabenverteilung...)

Finanzierung

durch die Kirchengemeinde (Teppiche, Hocker, Material, Arbeitshilfen ...)

Raum

– Anfrage bei der Kirchengemeinde (Hauptamtlichen, Kirchenvorstand, Pfarrgemeinderat)
– Kirche
– Gemeindehaus
– Überlegungen, wie der Raum für den Mini-Gottesdienst gestaltet werden kann (Sitzmöglichkeiten, Platz im Altarbereich, Raumtemperatur im Winter ...)

Ideen zur Raumausstattung / Raumgestaltung
- Teppiche vor dem Altar
- Papphocker, Sitzkissen oder Bänke für Kinder
- geschmückter Altar mit Blumen und Kerzen
- Taufkerze auf geschmücktem Taufstein, Osterkerze, Jesuskerze
- ...

Material
- Liedtexte auf Fotokarton
- diverse Hilfsmittel, jeweils auf das Thema des Gottesdienstes abgestimmt

- es wäre gut, wenn ein Materialschrank vorhanden wäre

Werbung
- persönliche Einladung
- Kirchengemeinde (Gemeindebrief, Schaukasten, Abkündigungen, Einladung an alle Tauffamilien...)
- mit Plakaten und/oder Handzetteln in Kindergärten und Geschäften
- Zeitung: Hinweis im Veranstaltungs-Terminkalender oder nachfolgender Bericht mit Bild über einen Mini-Gottesdienst
- ...

Unterstützung/Fortbildung
- Arbeitshilfen, Literatur
- Kontakt zu ehrenamtlichen und hauptberuflichen Mitarbeiter/innen
- Kontakt zu anderen Mini-Gottesdienst-Teams
- Fortbildungsangebote bei Erwachsenenbildungswerken und anderen kirchlichen Einrichtungen

9. Bausteine eines Mini-Gottesdienstes

Thematische Gottesdienstteile

Hinführung

Je nach Wahl des Themas gibt es verschiedene Möglichkeiten, die Kinder aus ihrem alltäglich Erlebten und Vertrauten zum Mini-Gottesdienst-Thema hinzuführen. Hilfreich können dabei den Kindern bekannte Gegenstände, Bilder u.ä. sein, um miteinander ins Gespräch zu kommen. Bitte werten Sie nicht die Gesprächsbeiträge der Kinder (z.B. ist nicht jedes Kind getauft, oder es wird nicht in jeder Familie gebetet, und das ist auch o.k.!) Einzelne Beiträge können herausgegriffen und weiterentwickelt werden.

Im Rahmen der Hinführung können alle Sinne des Kindes angesprochen werden (z.B. beim Fühlen von Wasser oder beim Erleben von Licht und Wärme einer Kerze). Grundsätzlich sollte die Hinführung ein erster Gedankenschritt zum Thema sein und versuchen, die Kinder aus ihrer »Reserve« zu locken.

Hier kann dann direkt der thematische Hauptteil anschließen. Meistens aber wird es auflockernder und leichter »verdaulich« sein, die Hinführung und das eigentliche Thema, z.B. durch ein Lied, zu unterbrechen.

Thematischer Hauptteil

Der thematische Hauptteil entfaltet für die Kinder das eigentliche Thema. Auf kindgemäße, verständliche Art und Weise wird eine biblische Geschichte erzählt oder außerbiblische Inhalte aufgezeigt und erklärt. Schön ist es, wenn die Kinder sich dazu vor dem Altar versammeln können. In unseren überschaubaren Gemeinden ist das möglich: die Kinder sitzen auf ausgebreiteten Teppichen im Altarraum (oft erweitert durch Hocker aus Pappe, Sitzkissen etc.). Sie fühlen sich dadurch in diesem Teil ganz speziell angesprochen.

Nicht in allen Kirchen ist so eine »Teppich-Runde« ideal oder möglich.
Suchen Sie nach anderen schönen Lösungen und geben Sie sie an andere weiter!

In dieser »intimen« Runde ist es auch möglich, eine Geschichte »nur« zu erzählen.

Haben Sie unbedingt den Mut, frei zu erzählen

Wir sind jedes Mal wieder erstaunt, wie konzentriert schon die Kleinsten zuhören können, wenn ihnen bewußt ist, daß sie wirklich gemeint sind.

Um beim freien Erzählen nicht den roten Faden zu verlieren, kann es sinnvoll sein, wichtige Kernsätze auf einem Zettel ausformuliert bei sich zu haben.

Der ständige Blickkontakt mit den Kindern ermöglicht ein situationsgerechtes und einfühlsames Erzählen – die Geschichte ist nicht isoliert; sie bildet mit der Erzählerin/dem Erzähler und den Kindern eine spürbare Einheit.

Durch freies Erzählen wird die Erzählung veränderbar und kann so auf die jeweiligen Reaktionen der Kinder (Zwischenrufe, Fragen, Beiträge) eingehen. Mit einem ausformulierten Text vor der Nase fällt das viel schwerer!

Finden Sie heraus, wie Sie sich beim Erzählen am wohlsten fühlen! (Es gibt auch Bücher, die das Erzählenlernen erleichtern (siehe Anhang)

Viele Themen lassen sich durch verschiedene Hilfsmittel auf interessante und spannende Weise erfahrbar machen – zum Beispiel durch darstellende Figuren, Puppen, Dias, Einsatz von Tüchern u.ä. (Anleitungen und Anregungen hierzu, siehe Anhang).

Der Phantasie sind keine Grenzen gesetzt!

Häufig bieten sich zur Vertiefung oder Weiterführung *gemeinsame Aktionen* mit den Kindern an. Durch eigenes Tun, Erleben, Sehen, Hören usw.

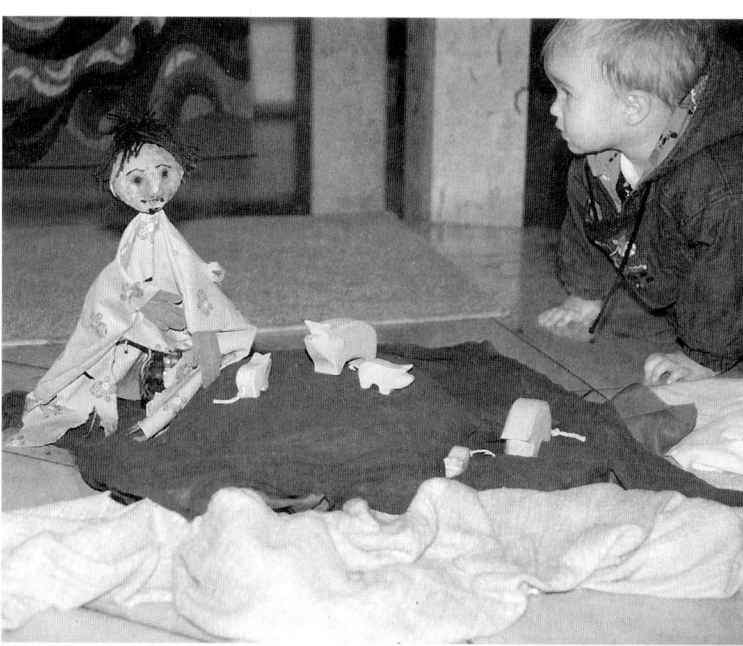

Aktion:
Schöpfung betrachten

geben wir den Kindern die Möglichkeit zum eigentlichen »Begreifen« einer Thematik. Vielleicht entsteht dabei auch etwas, was man aus dem Mini-Gottesdienst mit nach Hause nehmen kann, um es weiterzugeben, zu zeigen und an das Thema zu erinnern. Einzelne Aktionen für die Kinder sind in unseren Modellen (siehe S. 43ff.) ausführlich beschrieben. Aktionen sind toll, machen allen Spaß, hinterlassen tiefe Eindrücke... und brauchen oft viel Zeit bei der Vorbereitung... Aktionen sollen aber in die Thematik einführen oder sie vertiefen. Von einer Aktion, nur um der Aktion willen, die das Thema nur streift und dadurch falsche Schwerpunkte setzt, hat keiner etwas. Lieber einmal ohne Aktion auskommen... Nicht jeder Mini-Gottesdienst braucht eine Aktion!

Eventuell ist im thematischen Hauptteil auch Platz für ein Wort an die Erwachsenen. Es ist wichtig, die Erwachsenen nicht aus dem Blick zu verlieren – sie werden natürlich vom Mini-Gottesdienst insgesamt auch angesprochen und nehmen ihrerseits Anstöße und Gedanken mit nach Hause, auch wenn diese einfach und kurz im Gottesdienst ausgedrückt werden und vordergründig die Kinder ansprechen. Ein spezielles Wort an die Erwachsenen kann das Thema kurz (!) weiter vertiefen und mit der Lebenswirklichkeit der Eltern/Erwach-

Probieren Sie aus, wie Sie und Ihre Mini-Gottesdienst-Gemeinde sich dabei wohlfühlen!

senen verknüpfen. Meistens gelingt das auch in einem abrundenen Schlußgebet. Es gibt auch die Möglichkeit, Handzettel mit einem Wort an die Erwachsenen mitzugeben.

Lieder

Die Lieder sind ein ganz wichtiger Baustein im Mini-Gottesdienst. Sie bieten allen, ob groß oder klein, die Möglichkeit, aktiv mitzugestalten und ganz intensiv etwas gemeinsam zu machen – Gemeinde zu sein: beim Mitsingen, Mitklatschen oder einfach beim Zuhören. Und das gelingt ganz besonders bei den Liedern, die uns schon bekannt sind, sei es von zuhause, aus dem Kindergarten und natürlich aus früheren Mini-Gottesdiensten!

Eingangslied

In unseren Mini-Gottesdiensten hat es sich bewährt, zu Beginn ein festes, gleichbleibendes Eingangslied zu singen. Die Kinder freuen sich darauf; sie wissen, daß mit diesem, ihnen inzwischen vertraut gewordenen Lied der Mini-Gottesdienst beginnt. Jeder kann mitmachen und gehört dazu – ein guter Start für den Mini-Gottesdienst!
Für ein Eingangslied eignen sich viele bekannte und unbekannte Lieder. Es bietet sich an, ein Lied mit Schwung, Freude und Bewegung auszuwählen.

Lieder singen-mit Bewegung

Mit Erfolg ausprobierte Lieder sind zum Beispiel:
- Daß Gott sich daran freut (s. Liedersammlung)
- Heut ist ein Tag, an dem ich singen kann (s. Liedersammlung)
- Vom Aufgang der Sonne (s. Liedersammlung)
- ...

Suchen Sie sich ein Lied aus, das Sie immer wieder gerne singen werden!

Hinweis: Natürlich können im Mini-Gottesdienst auch der Segen und Gebete gesungen werden.

In unseren überschaubaren Mini-Gottesdienst-Gemeinden hat es sich bewährt, Plakate mit den Liedtexten (wieder verwendbar!) für alle sichtbar aufzustellen. Sie geben den Erwachsenen die nötige Sicherheit, aus »voller Kehle« mitzusingen.

Themenbezogene Lieder

**Liedkartons haben
sich bewährt**

Im Laufe des Mini-Gottesdienstes bietet es sich an, ein Lied passend zum Thema auszuwählen. Das Lied kann das Thema weiter vertiefen oder weiter entwickeln. Dabei ist zu bedenken, ob das Lied auch in anderen Mini-Gottesdiensten zu gebrauchen ist.

Das meistens neu zu lernende Lied wird dann sinnvollerweise mehrmals im Mini-Gottesdienst gesungen.

Haben Sie auch Mut, Lieder zu verändern oder vielleicht ganz neue zu machen!

Jedes neue Lied muß Stück für Stück gelernt werden, d.h.
– Text vorsagen
– einzelne Teile vorsingen und miteinander singen
– eventuelle Bewegungen erklären und
  vormachen
– das ganze Lied 2- bis 3mal singen

Unsere Lieder können wir natürlich auch
auf Instrumenten begleiten. Das nimmt die
erste Angst vor der eigenen Stimme, bietet
Sicherheit in Melodie und Rhythmus und
klingt einfach schön! Harmonisierende Instrumente, wie Gitarre, Harmonium, kleine Orgel können sehr animierend sein.
Vielleicht beherrscht auch jemand ein anderes Instrument: Blockflöte, Querflöte,
Geige usw. Der Klangvielfalt sind keine
Grenzen gesetzt!

Gebete

*Gemeinsam können wir
uns mit klatschen, schnip-
pen, stampfen und auf
kleinen Schlaginstrumen-
ten begleiten (Rassel,
Klanghölzer, usw.) Und
natürlich kann auch ein
»pur« gesungenes Lied seinen Reiz haben!!*

Gebete stellen uns in eine enge Verbin-
dung zu Gott.
Das Gebet will uns Gott nahebringen und
kann uns untereinander als Gemeinde mit
unseren Gedanken verbinden. Einfache
Worte und kurze Sätze sind Vorausset-
zung für ein Gebet im Mini-Gottesdienst.

In einem kurzen **Eingangsgebet** (2 – 3
Sätze) können wir sagen, was wir uns für
diesen Gottesdienst wünschen, auf unsere
Gemeinschaft hinweisen und auf alles,
was wir jetzt tun werden: reden, hören,
singen, beten. Und/oder wir bitten Gott,
jetzt ganz nah bei uns zu sein.

Das **Schlußgebet** greift, als Bitte oder Dank an Gott, das Thema abrundend auf. Dabei bietet es sich häufig an, verstärkt Gedanken und Bitten der Erwachsenen aufzugreifen, ohne dabei auf einfache Worte und kurze Sätze zu verzichten.

Das **Vater unser**, das in jedem christlichen Gottesdienst vorkommt, gehört unserer Meinung nach auch in den Mini-Gottesdienst. Während dieses Gebets können wir ganz bewußt die Gebetsglocke hören. Auch wenn die Kinder das Vater unser anfangs noch nicht mitsprechen oder verstehen können – sie werden mit einem elementaren Gebet unserer Kirche vertraut gemacht und sie werden es auch in anderen Gottesdiensten als bekanntes Element wieder erkennen und vielleicht mit sprechen können.

Es gibt viele schöne ausformulierte Gebete: In speziellen Gebete-Sammlungen für Kinder, in Liedstrophen und natürlich in den verschiedenen Mini-Gottesdienst-Entwürfen (siehe Unsere Modelle S. 43ff.) Nicht immer werden Sie ein genau passendes Gebet finden. Manchmal lassen sich einzelne Teile entsprechend verändern.

Aber vor allen Dingen: Haben Sie Mut zu eigenen Gebeten.

– Was möchte ich Gott aus diesem Gottesdienst heraus sagen?
– Was ist mir wichtig?
– Was ist den Familien wichtig?
– Stehe ich hinter meinen Worten?
– Verstehen die Kleinen und/oder die Großen das Gebet?

Beim Ausformulieren eines Gebetes befinden wir uns immer auf einer Gratwanderung – mal weiter oben, mal weiter unten, mal rechts, mal links – das darf auch so sein!

Das Formulieren wichtiger Gedanken zu einem Gebet ist eine Herausforderung an uns, die wunderbare Gebete hervorbringen kann, die vielleicht auch in anderen Mini-Gottesdiensten wieder einsetzbar sind!

Segen

Der Segen – wieder ein festes Element eines jeden Gottesdienstes – kann auf verschiedene Art und Weise ausgeteilt und aufgenommen werden:
– Wir können dabei sprechen oder singen.

– Wir können gemeinsam um Gottes Segen bitten.
– Wir können auch selbst unsere Kinder segnen.

Wir haben gute Erfahrungen mit einer gemeinsam gesungenen Segensbitte gemacht – gemeinsame Bewegungen verdeutlichen die Botschaft und geben uns in unserer spürbaren Gemeinschaft Stärke.

Es gibt viele traditionelle und moderne Segensformeln.

Wir möchten Ihnen Mut machen, eine eigene schöne Form für den Mini-Gottesdienst-Segen zu finden, bei der sich alle wohlfühlen!

Ankommen, Begrüßung, Verabschiedung

Die Glocken läuten und laden zum Mini-Gottesdienst ein. *Ankommen* – die Zeit, in der Mini-Gottesdienst-Besucher nach und nach eintreffen. Hier ist Gelegenheit, die kleinen und großen Besucher persönlich zu begrüßen. Vielleicht können wir beim

Parken eines Kinderwagens und bei der Platzsuche in der Runde behilflich sein. Dies schafft eine persönliche Atmosphäre: Jeder wird wahrgenommen und fühlt sich willkommen.

Eine kurze allgemeine *Begrüßung* heißt nochmal alle offiziell willkommen und signalisiert den Beginn des Gottesdienstes. Drei Sätze reichen vollkommen.
Die Begrüßung macht alle gedanklich bereit für den beginnenden Gottesdienst und kündigt das erste Lied an. Ebenso kann zu diesem Zeitpunkt die Osterkerze und/oder die Jesuskerze bewußt mit den Kindern angezündet werden.

In der *Verabschiedung* kann zum nächsten Mini-Gottesdienst eingeladen werden und auf andere Termine zum Beispiel der Mutter-Kind-Arbeit hingewiesen werden.
Ausformulierungen von Begrüßungen und Verabschiedungen sind in unseren Modellen (S. 43ff.) zu finden.

Die einzelnen Bausteine können auf unterschiedliche Weise zu einem Mini-Gottesdienst-Gerüst zusammengesetzt werden. Eine gleichbleibende, festgelegte Ordnung der Mini-Gottesdienste ist auf jeden Fall erstrebenswert. So wird Kindern und Erwachsenen der Ablauf der Mini-Gottesdienste vertraut. Sie fühlen sich in der wiederkehrenden Liturgie wohl.

So kann ein Ablauf aussehen:

Ankommen – Glocken läuten
Begrüßung
Eingangslied
Gebet
Hinführung zum Thema
Lied

Hauptteil:
Thema/Geschichte
evtl. Aktion für die Kinder
evtl. Wort an die Erwachsenen
Lied zum Thema

Gebet
Vater unser
Segen
Verabschiedung

10. Arbeit mit Modellen

Übernahme von Modellen

In den Büchern und Arbeitshilfen über Mini-Gottesdienste (siehe Literaturliste, S. 184ff.) befinden sich auch Gottesdienstabläufe für den Mini-Gottesdienst. Gerade wenn in den Kirchengemeinden der Mini-Gottesdienst zum ersten Mal gefeiert wird, gibt es dem Vorbereitungsteam Sicherheit, wenn man ein bewährtes Modell übernehmen kann. Blättern Sie einfach in der Ihnen zur Verfügung stehenden Literatur, welche Modelle Ihnen zusagen.

Auch später gibt es immer wieder Gelegenheiten, wo man auf Modelle zurückgreifen kann, zum Beispiel

– wenn wenig Vorbereitungszeit da ist
– wenn der Entwurf einfach gut ist
– wenn man für die Vorbereitung mal alleine ist.

Haben Sie den Mut, gute Entwürfe einfach zu übernehmen. Haben Sie aber auch den Mut, Entwürfe zu verändern oder zu verwerfen.

Veränderungen von Modellen

– Einzelne Elemente können ausgetauscht werden, z.B. Lieder oder Gebete.
– Methoden können verändert werden, z.B. wird die Geschichte gespielt statt erzählt.
– Ein Entwurf, der anfangs als gut empfunden wurde, wird nach und nach verändert und verworfen: So kann sich ein ganz neuer, eigener Entwurf entwickeln!

Das Verändern von Modellen soll an einem Beispiel verdeutlicht werden: Wir hatten aus einer Arbeitshilfe den Vorschlag zum Thema »Angst und Geborgenheit – Geborgen in Gottes Hand« ins Auge gefaßt (vgl. Landesverband für Evang. Kindergottesdienstarbeit in Bayern: Krabbel-Gottesdienst, S. 31). In diesem Modell folgen nach der Begrüßung Angstbeispiele aus dem Alltag von Kindern und ein erstes Wort an die Erwachsenen zum Umgang mit Ängsten.

Die Aussage, daß wir bei Gott geborgen sind, wird mit einer Bildbetrachtung von der sehr ansprechenden Steigerwald-Plastik »Bleib sein Kind« verdeutlicht. Anschließend wird Geborgenheit bei einer Kuschelaktion aktuell erlebbar.

Ein zweites Wort an die Erwachsenen geht auf das Verhältnis der Erwachsenen zu Gott ein und den Zuspruch Gottes in Jesaja 66, 12b, 13a: Ich der Herr verspreche, »ihr werdet euch geborgen fühlen wie ein Kind, das von seiner Mutter auf der Hüfte getragen und auf den Knien liebkost wird. Ich werde euch trösten, wie eine Mutter tröstet« (Gute Nachricht – Die Bibel in heutigem Deutsch).

Lieder und Gebete, die das Thema des Gottesdienstes aufnehmen, sind an entsprechender Stelle eingefügt.

Wir hatten zunächst vor, dieses Modell zu übernehmen. Beim Vorbereitungstreffen merkten wir jedoch, daß wir den Gottesdienst anders strukturieren und die Aussagen anders gewichten wollten. Nach Begrüßung, Anfangslied und Gebet stellten wir als zentrale Aussage das Versprechen Gottes aus Jesaja 66 vor. Daran knüpfte sich ein Gespräch mit den Kindern mit Beispielen aus ihrer Erlebniswelt, wo letztendlich deutlich wurde: Sicher und geborgen fühlen sich Kinder, wenn sich jemand Zeit für sie nimmt, sie verarztet, tröstet, ..., wenn sie auf den Schoß genommen werden oder zum Beispiel auf der Hüfte getragen werden; letzteres wurde gleich praktisch ausprobiert.

Wir stellten für die Erwachsenen einen Bezug zum Thema her, indem wir verdeutlichten: Wir alle haben manchmal Angst – nicht nur die Kinder, sondern auch

Erwachsene und da ist es gut, wenn jemand bei uns ist, bei dem wir uns sicher und geborgen fühlen.

Das Lied: »Das wünsch ich sehr, daß immer einer bei mir wär´, der lacht und spricht, fürchte dich nicht« (siehe Liedersammlung Nr. 4) bildete die Überleitung zur Bildbetrachtung »Bleib sein Kind«. Wir veranschaulichten Geborgenheit mit ihren verschiedenen Aspekten.

Nach der Wiederholung des Liedes »Das wünsch ich sehr...« wurde noch einmal zur Vertiefung Gottes Versprechen aus der Bibel vorgelesen, welches uns allen gilt.

Ein Gebet mit der Bitte um Gottes Begleitung und Segen, Vater unser und Segenslied beendeten den Gottesdienst.

Wir hatten also als zentrale Aussage Gottes Versprechen aus Jesaja 66 ausgewählt und für Kinder und Erwachsene im Laufe des Gottesdienstes verdeutlicht und erlebbar gemacht. Wir verzichteten auf die zwei »Worte an die Erwachsenen«, weil wir der Meinung waren, daß wir bei diesem Thema Kinder und Erwachsene gemeinsam ansprechen können.

Eigene Entwürfe

Wir haben festgestellt, daß es eine besondere Herausforderung darstellt, wenn wir eigene Mini-Gottesdienste erarbeiten. Das bestätigt die eigene Arbeit und macht Spaß.

Der Blick in die Literatur dient dann nur noch als Anregung. Anregung kann auch ein Kinderlied, ein Kinderbuch oder ein Ereignis in der Natur sein. Es muß nicht immer eine Bibelstelle zum ausgewählten Thema verwendet werden. Gott loben oder Gott um etwas bitten, kann auf vielfältige Weise geschehen. Klar muß sein, was als Botschaft den Kindern und Eltern vermittelt werden soll. Das »Drumherum« findet sich nach und nach im Vorbereitungsgespräch.

Es ist hilfreich, wenn zur Vorbereitung eines Mini-Gottesdienstes zwei bis drei Vorbereitungstreffen möglich sind. Von der Ideenbörse zur Themenfestlegung und Ausgestaltung des gesamten Mini-Gottesdienstes können ruhig einige Tage oder Wochen vergehen, da das Vorbereitungsteam mit verschiedenen Vorschlägen schwanger gehen kann. Und das können Frauen besonders gut. Männer natürlich auch.

Oft werden Mini-Gottesdienste in einem zweiten Vorbereitungstreffen vollkommen »umgeschmissen«, weil es in der Zwischenzeit Erlebnisse mit Kindern oder Gespräche mit Erwachsenen gab, die die erste Vorstellung ins Wanken gebracht haben. Ein vertrauensvoller Austausch über alle noch so verrückten Ideen und über alle Bedenken können die besten Mini-Gottesdienste ans Licht befördern.

»Ich hab's!«

Haben Sie den Mut, bei der Themenfindung im Mini-Gottesdienst-Team über alles offen miteinander zu reden. Es dient nicht nur einer gewissenhaften Vorbereitung, sondern bringt auch Klarheit in eigene Lebenserfahrungen und somit einen persönlichen Gewinn.

Haben Sie den Mut, bei eigenen Entwürfen – auch in der Kirche – großzügig mit Material umzugehen (z.B. Erde für Blumensamen oder Federn für das Nest). Es muß halt hinterher wieder aufgeräumt und ordentlich sein.
Also: Eventuell Staubsauger mitnehmen.

Die *Auswahl eines Modells oder eines Themas* für Ihren Mini-Gottesdienst können Sie nach verschiedenen Gesichtspunkten treffen:

– Was paßt zum Kirchenjahr?
– Was eignet sich in dieser Jahreszeit?
– Wie bringen wir Abwechslung in unsere Mini-Gottesdienste (mal ist es etwas für die größeren Kinder, mal für die kleineren; letztes Mal hatten wir eine aufregende Aktion, diesmal soll es etwas stiller und besinnlicher sein usw.)
– Welche Möglichkeiten und wieviel Zeit haben wir diesmal zur Vorbereitung? Übernehmen wir ein fertiges Modell oder wollen wir selber eines erarbeiten?

Unsere Modelle

 Haben Sie Mut, Modelle zu verändern, einzelne Elemente herauszugreifen ... Schneiden Sie jedes Modell auf Ihre persönliche Situation zu; vielleicht hilft es Ihnen, die Kapitel 9 (S. 31) und 10 (S. 40) immer parallel zu den einzelnen Modellen zu lesen...

Hinweis zu den Modellen:

Bei unseren Gottesdiensten hat es sich bewährt, Plakate mit den Liedtexten (wieder verwendbar) für alle sichtbar aufzustellen. Falls man sich zu dieser Art von »Texthilfe« entscheidet, dürfen die Liedkartons mit den entsprechenden Texten bei der Vorbereitung nicht vergessen werden.

Kirchenjahr

Seht, die gute Zeit ist nah

Thema:
Adventszeit – Weihnachten ist nah
Gott will unser Leben hell und froh
machen
Sterne begleiten uns durch die Adventszeit

Hauptelemente:
Lied »Seht, die gute Zeit ist nah ...«
Gespräch über die Adventszeit und
über die Bedeutung von Weihnachten
Aktion: Wir gestalten einen großen
Transparentstern für ein Kirchenfenster

Vorbereitung:
– einen großen Stern basteln: Rand
  aus Pappe, Mitte mit weißem
  oder hellgelbem Transparentpapier beklebt

– Schnipsel aus gelbem, orangem
  und rotem Transparentpapier reißen (werden im Gottesdienst auf
  den großen Stein geklebt)
– kleine Transparentpapiersterne für
  alle Kinder basteln

außerdem bereitlegen:
– Holzkrippe und große Kerze
– Adventskranz
– Korb mit verschiedenen Gegenständen, die mit der Adventszeit
  zu tun haben
– Kleister und Pinsel für die Sternaktion
– Kunststoffunterlage
– Klebefilm zum Befestigen des
  Sterns am Fenster

Begrüßung

Lied:
»Heut ist ein Tag, an dem ich singen kann...« (siehe Liedersammlung Nr. 13)

Gebet:
Lieber Gott,
wir alle sind heute in die Kirche gekommen,
um zusammen diesen Adventsgottesdienst zu feiern.
Du bist auch hier bei uns – darüber sind wir froh! Amen.

Einführung:
(eine Holzkrippe, in der eine Kerze brennt, steht in unserer Mitte)

»Oh, hier steht ja schon die Weihnachtskrippe – dabei haben wir doch noch gar nicht Weihnachten!« – so haben sicher einige von euch gedacht.
Ich will euch erklären, warum sie heute, am ersten Advent, schon hier steht:
Die Weihnachtsgeschichte erzählt uns, daß Jesus als Baby in einer solchen Futterkrippe im Stall lag und die brennende Kerze in der Krippe erinnert uns heute daran, daß Jesus sagt: »Ich bin das Licht der Welt« – er will unser Leben hell und froh machen;
am Weihnachtsfest mit seinen vielen Kerzenlichtern soll uns das besonders deutlich werden;
ein klein wenig merken wir auch heute schon davon, wenn wir die erste Kerze am Adventskranz anzünden – dieses Licht wird von Adventssonntag zu Adventssonntag mehr werden, bis Weihnachten da ist.

An der Kerze in der Krippe wird die erste Kerze des Adventskranzes entzündet.

Lied:
»Seht, die gute Zeit ist nah, Gott kommt auf die Erde.
Kommt und ist für alle da, kommt daß Frieden werde.« (siehe Liedersammlung Nr. 21)

Thema: Adventszeit
Die Krippe mit der brennenden Kerze steht hier, damit sie uns an Weihnachten, den Geburtstag Jesu, erinnert.
Da aber noch nicht Weihnachten ist, stelle ich die Krippe hier an die Seite ...

Die Kinder werden eingeladen, nach vorne, auf die Teppiche vor dem Altar zu kommen.

Heute ist nun der 1. Advent – die Adventszeit beginnt.
Es ist die Zeit, in der wir uns auf Weihnachten vorbereiten,
auf den Tag, an dem wir den Geburtstag Jesu feiern wollen.

Wie merkt man denn, daß nun die Adventszeit da ist? *Die Gegenstände werden nacheinander aus einem großen Korb geholt* und im **Gespräch mit den Kindern** wird überlegt, *was sie mit der Adventszeit zu tun haben.*

Ich habe heute ein paar Dinge mitgebracht, die mit der Adventszeit zu tun haben und die sicher viele von euch kennen:

– Adventskranz
– Adventskalender
– Stroh / Goldfolie / Schere
– Liederbuch
– Kerze
– Ausstechform / Lebkuchen
– Tannenzweig
– Stern
– ...

All diese Dinge werden uns in den nächsten Wochen, in der Adventszeit begegnen.

Die Kinder gehen wieder zurück auf ihre Plätze bei den Eltern.

Weihnachten ist nicht mehr weit und deshalb singen wir noch einmal das

Lied:
»Seht, die gute Zeit ist nah...« (siehe Liedersammlung Nr. 21)
(eventuell als Kanon singen)

Thema: Sterne
In der Adventszeit erinnern uns Kerzenlichter und Sterne an das Licht von Weihnachten und daß Gott unser Leben hell und froh machen will.

Als Jesus geboren war, stand über dem Stall von Bethlehem ein großer Stern und hat Menschen den Weg zur Krippe, zu Jesus gezeigt.
Von diesem Stern über Bethlehem möchten wir mit euch heute ein Lied singen:

Lied:
»Stern über Bethlehem, zeig uns den Weg ...« (siehe Liedersammlung Nr. 22)
Text vorstellen, Melodie Stück für Stück lernen

Aktion Stern
Wir möchten heute mit euch zusammen einen Stern für die Kirche hier gestalten:
Vorgehensweise: auf einer Kunststoffunterlage wird der vorbereitete Stern mit Kleister eingestrichen, jedes Kind nimmt zwei oder drei Transparentpapierschnipsel und klebt diese auf den Stern ... (wenn es sehr viele Kinder sind, kann dies auch in einem »Zug« am Stern vorbei geschehen).

Ergebnis zeigen und bewundern;

Wir werden den Stern an diesem Kirchenfenster aufhängen und wenn ihr in den nächsten Wochen draußen auf der Straße vorbeikommt, schaut doch mal, ob ihr den Stern entdeckt ...

Lied:
»Stern über Bethlehem...« (siehe Liedersammlung Nr. 22)

Sterne zum Mitnehmen
Für die Kinder haben wir kleinere Sterne zum Mitnehmen vorbereitet –
sie können uns zu Hause, durch die Adventszeit, auf dem Weg nach Weihnachten begleiten und uns erinnern, daß der große Stern über dem Stall von Bethlehem Menschen den Weg zur Krippe, zu Jesus gezeigt hat.
Sterne verteilen

Lied:
»Stern über Bethlehem...« (siehe Liedersammlung Nr. 22)
Die Kinder halten dabei ihren kleinen Stern hoch.

Gebet:

Lieber Vater im Himmel,
wir haben jetzt viele Tage im Advent Zeit, uns auf Dich,
auf Weihnachten, auf die gute Zeit vorzubereiten.
Das kleine Licht, das wir heute am ersten Advent sehen,
wird jeden Tag etwas heller –
bis es an Weihnachten ganz hell ist.
Es ist gut, daß Du in dieser Zeit bei uns bist.
Laß uns diese Zeit in Vorfreude erleben –
jeder für sich und in der ganzen Familie.
Amen.

Vater unser

Segenslied:
»Herr, wir bitten: Komm und segne uns...« (mit Bewegungen; siehe Liedersammlung Nr. 12)

Einladung zum nächsten Mini-Gottesdienst und Verabschiedung

Jesus ist geboren

Thema:
Weihnachten – Jesus ist geboren

Hauptelemente:
Erzählung der »Weihnachtsge-schichte« (Lukas 2,1-20) und gleichzeitige Darstellung mit Hilfe von »Ostheimer« Holzfiguren; Lieder als Ausdruck der Freude Verteilen von Weihnachtslichtern

Vorbereitung:
- Weihnachtslichter basteln: ein Bild vom Weihnachtsgeschehen z.B. Scherenschnitt, auf Papier (schön ist Elefantenhaut) kopie-ren und um kleine Joghurtgläser kleben; in jedes Glas kommt ein Teelicht.

außerdem bereitlegen:
- Krippenfiguren: Ochse (Kuh), Esel, Schafe, Hirten, Hunde; z.B. »Ostheimer Holzfiguren«: (Be-zugsquelle siehe Anhang)
- Stall mit Krippe
- kleine Kerze
- eventuell ein oder mehrere Tü-cher zur Ausgestaltung der Szene
- weiße Christbaumkerzen zum Entzünden der Weihnachtslich-ter;
Tip: das Entzünden der Teelichter im Glas vorher ausprobieren!

Begrüßung:
Liebe Kinder, liebe Erwachsene,
herzlich willkommen zum Mini-Gottesdienst am 24. Dezember!
Auch heute fangen wir an mit dem Lied »Heut ist ein Tag, an dem ich singen – lachen –
klatschen und flöten kann«

Lied:
»Heut ist ein Tag, an dem ich singen kann ...« (siehe Liedersammlung Nr. 13)

Einführung: Weihnachten ist da
Heute morgen haben wir zu Hause, in meiner Familie, das letzte Fenster/Päckchen am
Adventskalender geöffnet – Ihr auch?
Weihnachten ist da!

Wenn Ihr euch umseht – hier in der Kirche steht ein großer geschmückter Weihnachts-
baum – auch er kann uns zeigen:
Weihnachten ist da!

Ja, heute ist ein ganz besonderer Tag:
Jesus wurde geboren, und wir feiern heute gemeinsam seinen Geburtstag.

Gebet:
Laßt uns nun die Hände falten und beten:
Lieber Gott, Jesus wurde geboren
und wir dürfen gemeinsam seinen Geburtstag feiern.
Wir danken Dir dafür.
Wir bitten Dich: Sei bei uns in diesem Gottesdienst.
Amen.

Lied:
(Text vorstellen und Melodie erlernen)

»Freut euch! Freut euch! Singt Frieden auf Erden, Halleluja!
Die Freude sagt allen, Halleluja!«
(siehe Liedersammlung Nr. 7)

Vorstellung der einzelnen Figuren, etc., die in der Weihnachtsgeschichte eine Rolle spielen:

Vor ganz langer Zeit, als Jesus geboren wurde, war vieles anders als heute.
Aber auch damals gab es Menschen, Familien, Erwachsene und Kinder.
Sie wohnten auch in Städten und Dörfern und gingen ihrer Arbeit nach.
Viele hatten Tiere und deren Ställe waren oft außerhalb des Dorfes.
Vielleicht hat ein solcher **Stall** so ausgesehen: *(Stall zeigen)*
Das Futter für die Tiere wurde in **Krippen** *(zeigen)* gefüllt
und sicher gab es auch Stroh im Stall, damit die Tiere es warm hatten.
Im Stall gab es Kühe, **Ochsen** *(zeigen)* und meistens auch einen *Esel (zeigen)*.
Damals gab es noch keine Autos.
Und so ein Esel konnte einem beim Tragen helfen, und man konnte auch mal auf ihm reiten.

Für die **Schafe** *(zeigen und eventuell herumgeben)* gab es extra Leute,
die sich um die Tiere kümmerten.
Das waren die **Hirten** *(zeigen)* – Schäfer, wie wir heute sagen.
Die kannten die anderen Leute meistens gar nicht,
weil sie immer draußen auf dem Feld waren und lebten.
Das waren sehr arme Menschen, die kaum etwas besaßen.
Um die Schafe gut zusammentreiben zu können, hatten sie immer **Hunde** *(zeigen)* dabei.

Während die Schafe auf ihren Platz gestellt werden singen wir noch einmal unser neues Lied.
(Schafe wieder einsammeln und auf ihren Platz dh. das Feld stellen, wo sie von den Hirten gehütet werden)

Lied:
»Freut euch! Freut euch! Singt Frieden auf Erden ...« (siehe Liedersammlung Nr. 7)

Erzählung der Weihnachtsgeschichte mit Figuren:
(Die Figuren werden von der Erzählerin analog zur Geschichte bewegt, dh. sie verändern jeweils ihre Position, wie beim Stehpuppentheater; // im folgenden Text steht für eine Pause, während der die Figuren weiterbewegt werden.)

Damals waren viele Leute unterwegs. Auch ein Mann und eine Frau://
Joseph und Maria.
Sie hatten schon eine lange Reise hinter sich und suchten einen Schlafplatz in der Stadt Bethlehem.

Maria war schwanger und in diesen Tagen sollte ihr Kind geboren werden.
Darum waren sie froh, als sie einen Stall zum Übernachten fanden
– denn die Häuser in Bethlehem waren alle voll. //
Und in dieser Nacht, in diesem Stall wurde das Kind geboren!
(eine Kerze wird entzündet und vor die Krippe gestellt)
Und weil Maria und Joseph kein Bett, keine Wiege dabei hatten,
leerten sie die Futterkrippe aus und füllten sie mit warmem
Stroh und legten das kleine Baby hinein. //
Und Gott wollte, daß alle Menschen davon erfahren, daß Jesus geboren war. //
Er schickte einen Boten zu den Hirten, die draußen auf dem Feld bei den Schafen waren.
Er sagte zu ihnen: »Freut euch! Jesus ist geboren! Jesus, der Retter,
auf den ihr schon so lange gewartet habt!
Lauft nach Bethlehem! Dort werdet ihr ihn in einem Stall, in einer Futterkrippe finden!« //
Die Hirten waren ganz verwundert über diese Nachricht – mitten in der Nacht.
Und dann spürten sie, wie sie auf einmal ganz froh wurden.
Sie ließen die Schafe bei den Hunden und liefen gespannt und voller Freude nach Bethlehem!
Sie fanden den Stall, darin Maria, Joseph und die Futterkrippe mit dem Kind. //
Jesus, der Retter war geboren.
Und die Hirten standen an der Krippe; und die Freude machte ihre Herzen ganz weit.
(nach Lukas 2, 1-20)

Lied:
»Ihr Kinderlein kommet...« (siehe Liedersammlung Nr. 16)

Gebet:
Guter Gott, wir bitten Dich,
daß sich die Weihnachtsfreude in den Herzen aller Menschen ausbreitet.
Und wir danken Dir,
daß wir in unseren Familien Weihnachten feiern dürfen.
Amen.

Vater unser

Segenslied:
»Herr, wir bitten: Komm und segne uns...« (mit Bewegungen; siehe Liedersammlung Nr. 12)

Verteilen von Weihnachtslichtern
Wir haben für jedes Kind ein Weihnachtslicht zum Mitnehmen vorbereitet und werden sie nun nacheinander entzünden und verteilen.

Lied:
»Freut euch! Freut euch! Singt Frieden auf Erden ...« (siehe Liedersammlung Nr. 7)

Einladung zum nächsten Mini-Gottesdienst und Verabschiedung

Anmerkung zur Erzählung der Weihnachtsgeschichte mit Figuren:
Wir hatten auch überlegt, ob wir als »Aktion für die Kinder« alle Figuren der Geschichte an die Kinder austeilen und die Kinder dann die Figuren analog der Geschichte bewegen... Wir haben uns aber dann entschieden, nur einige Schafe herumzugeben, sie fühlen und zur Herde stellen zu lassen.
Wie wollen Sie es machen?

Jesus ist für alle geboren

Thema:

Jesus ist für alle geboren, er lädt alle ein:

Große – Kleine, Arme – Reiche, Juden – Heiden ...

Hauptelemente:

Erzählung: die Weisen kommen in den Stall von Bethlehem (Matthäus 2,1-11);

auf einem vorbereiteten Plakatkarton wird das Weihnachtsgeschehen im Stall deutlich;

in der Aktion werden die Weisen und alle anwesenden Gottesdienstbesucher als Papierfigur mit auf den Plakatkarton geklebt, um zu verdeutlichen: Jesus ist für alle geboren

Vorbereitung:

– sehr großen Karton oder Plakatkarton mit Zeichnungen von Stall, Krippe mit Kind, Maria, Josef, Hirte und Schaf bekleben
– Figuren von den drei Weisen aus festem Papier ausschneiden und bemalen
– Figuren von Kindern und Erwachsenen ausschneiden und eventuell bemalen
– soll das Plakat aufgehängt werden, muß eine Aufhängevorrichtung angebracht werden;

außerdem bereitlegen:

– Klebestifte
– schwarze Filzstifte

Begrüßung

Lied:
»Heut ist ein Tag, an dem ich singen kann...« (siehe Liedersammlung Nr.13)

Gebet:
> Lieber Gott,
> In der Weihnachtszeit erinnern wir uns immer wieder daran,
> daß Jesus geboren wurde und freuen uns darüber.
> Wir bitten Dich, sei bei uns in diesem Gottesdienst.
> Amen.

Einführung:
Im **Gespräch mit den Kindern** *das Weihnachtsgeschehen mit Hilfe des vorbereiteten Kartons (Stall, Krippe mit Kind, Maria, Josef, Hirte mit Schaf) wiederholen.*

Im Mini-Gottesdienst vor Weihnachten haben wir hier gesungen »Seht, die gute Zeit ist *nah*, Gott kommt auf die Erde, kommt und ist für alle da, kommt, daß Friede werde.« vor zwei Wochen haben wir nun Weihnachten gefeiert – also können wir jetzt singen: »Seht, die gute Zeit ist *da*...«

Lied:
»Seht, die gute Zeit ist *da*, Gott kommt auf die Erde...«
(siehe Liedersammlung Nr. 21: »Seht, die gute Zeit ist nah...«)

Die Kinder werden eingeladen, auf die Teppiche vor dem Altar zu kommen.

Erzählung: Die Weisen kommen zu Jesus
(während der Erzählung einen Bezug zum vorbereiteten Karton herstellen – die Weisen dabei aufkleben)

Ganz weit entfernt von Bethlehem, lebten damals einige kluge und weise Männer. Sie beobachteten oft den Himmel mit seinen vielen Sternen. Sie kannten jeden einzelnen Stern und wußten viel darüber.

Eines Tages entdeckten sie einen neuen hellen Stern: »Seht, ein neuer Stern! Sicher ist irgendwo ein neuer König geboren!« Sie schauten in ihren Büchern nach und überlegten:

»Da – im Land der Juden könnte er geboren sein. Wir wollen zu dem Königskind reisen, es begrüßen und ihm Geschenke bringen!«

Sie packten ihre Sachen für die Reise und machten sich auf ihren langen Weg. Sicherlich hatten sie Tiere dabei, die das Gepäck trugen und auf denen sie reiten konnten. Vielleicht waren es Kamele, Pferde oder auch Elefanten.

Der neue Stern zeigte ihnen den Weg und als sie endlich ins Land der Juden kamen, suchten sie den Königspalast, um dort das Königskind zu begrüßen.
Aber im Palast wußte niemand von einem neugeborenen König. Hier gab es nur den alten König. Und seine klugen Männer suchten in ihren Büchern, ob dort etwas über diesen neuen König zu lesen war. Und endlich fanden sie etwas: »Hier steht es: der neue König, der Retter der Juden, wird in Bethlehem geboren werden.«

Da zogen die weitgereisten Männer weiter bis nach Bethlehem. Hier blieb der helle Stern über dem Stall stehen.
Auf den Karton (mit Stall usw.) hinweisen.
Die weisen Männer hatten ihren neugeborenen König gefunden: Jesus. Sie begrüßten ihn und holten ihre Geschenke: ein Kästchen mit Gold, eine Schale mit Weihrauch und einen Krug mit Myrrhe.

Und weil die weisen Männer aus dem fernen Land Jesus gefunden haben, gehören sie ebenso wie die Hirten an unsere Weihnachtskrippe.
Figuren der Weisen auf den Karton aufkleben.
(Erzählung nach Matthäus 2, 1-11)

Die Kinder gehen wieder zurück zu ihren Eltern.

Lied:
Zur Krippe im Stall, zu Jesus, sind alle eingeladen, deshalb singen wir nun:
»Hirt und König, Groß und Klein, Kranke und Gesunde,
Arme, Reiche lädt er ein, freut euch auf die Stunde, ...«
(siehe Liedersammlung Nr. 21: 2. Strophe von »Seht, die gute Zeit ist nah«)

Aktion:
Vorbereitete Papierfiguren (Kinder und Erwachsene) werden verteilt und können jeweils, mit dem Namen versehen, auf den Karton mit dem »Weihnachtsstall« geklebt werden; so wird deutlich, daß jeder von uns zu Gott / Jesus eingeladen ist.

Lied:
1. »Hirt und König, Groß und Klein...«
2. »Seht, die gute Zeit ist da, Gott kommt auf die Erde...«
(siehe Liedersammlung Nr. 21: »Seht, die gute Zeit ist nah...«)

Gebet:

Guter Gott,
wir danken Dir, daß Du zu uns in die Welt gekommen bist.
Als Kind armer Eltern bist Du uns nahe.
Wir danken Dir, daß Du alle Menschen einlädst
und daß wir jederzeit zu Dir kommen dürfen.
Amen.

Vater unser

Segenslied:
»Herr, wir bitten: Komm und segne uns...« (mit Bewegungen, siehe Liedersammlung Nr.12)

Einladung zum nächsten Mini-Gottesdienst und Verabschiedung

Die Papierfiguren werden
auf den Karton geklebt.
Es wird deutlich: Jesus
ist für alle geboren.

Wie sich Angst in Freude verwandelt

Thema:
Ostern – Jesus ist auferstanden und dadurch wandeln sich Trauer und Angst in Freude

Hauptelemente:
- Erzählung zu Lukas 24;
- Angst und Trauer mit Hilfe von einem schwarzen Tuch erleben und Auswegmöglichkeiten ansprechen.
- Jede Familie entzündet eine Osterkerze und nimmt dieses Licht, als Ausdruck der Osterfreude, mit nach Hause;

Vorbereitung:
- Osterkerzen besorgen (Bezugsquelle siehe im Anhang)

außerdem bereitlegen:
- einen Papphocker oder ähnliche Sitzgelegenheit
- schwarzes Tuch
- die große Osterkerze in der Kirche brennt

Begrüßung:
Liebe Kinder, liebe Erwachsene,
ganz herzlich willkommen zum Mini-Gottesdienst am Ostermontag.
Wir haben heute das Thema: »Wie sich Angst in Freude verwandelt«
Zum Anfang singen wir jetzt wie immer »Heut ist ein Tag, an dem ich singen – lachen –
klatschen und flöten kann«.

Lied:
»Heut ist ein Tag, an dem ich singen kann...« (siehe Liedersammlung Nr. 13)

Hinführung zum Thema
»Trauer, Angst, Dunkelheit erleben und Auswegmöglichkeiten aus dieser Situation« als
Gespräch mit den Kindern:

Was ist denn mit mir los, wenn ich so dasitze?
*(auf Papphocker sitzend, Füße angezogen, Kopf aufgestützt, trauriger, ängstlicher
Blick)*
ich bin traurig
ich fürchte mich, ich habe Angst
ich möchte mich verstecken

(ein schwarzes Tuch über mich ziehen)
jetzt habe ich mich zwar versteckt, aber es ist so dunkel
ich bin immer noch traurig
ich habe immer noch Angst

Könnt ihr euch vorstellen, auch traurig zu sein und Angst zu haben und euch unter einem
Tuch zu verstecken?
Mag es jemand ausprobieren? – dabei merkt ihr: es wird dunkel, aber die Angst und das
Traurigsein gehen nicht weg.

*(Bei unserem Gottesdienst wollte sich kein Kind unter dem schwarzen Tuch verstecken
– Angst und Traurigkeit waren wohl durch die Demonstration der Mitarbeiterin klar, und
die Kinder fühlten sich wohler in der Zuschauerrolle.)*

Wenn ich mich unter einem Tuch verstecke, gehen Angst und Traurigkeit nicht weg; was
kann mir helfen?
Was kann mich trösten? Hat jemand eine Idee?

Vielleicht hebe ich das Tuch ein wenig –
vielleicht kommt jemand zu mir, und ich bin nicht mehr allein;
das könnte mir sicherlich helfen und mich trösten.

Wir werden dann gleich von den Jüngern, den Freunden von Jesus hören, die sehr traurig
waren und Angst hatten.

Vorher aber laßt uns beten:

Gebet:
> Guter Gott,
> es tut gut, daß wir auch in der Dunkelheit, wenn wir traurig
> sind, oder wenn wir Angst haben, zu Dir sprechen können.
> Du hast gesagt, daß Du immer bei uns bist.
> Daran denken wir jetzt und sagen Danke.
> Amen.

Die Kinder werden eingeladen, auf die Teppiche vor dem Altar zu kommen.

Erzählung:
Wir haben vorhin mit dem dunklen Tuch ausprobiert, wie es ist, wenn es um einen herum
dunkel ist. Wir haben uns daran erinnert, wie wir uns fühlen, wenn wir Angst haben.
Die Freunde von Jesus – seine Jünger – haben auch große Angst erlebt.
Sie waren dabei, als Jesus nach Jerusalem kam. Sie spürten, daß sich viele Menschen
darüber ärgerten, wie Jesus von Gott redete.
Diese Menschen wollten nicht, daß er verbreitete: »Gott hat alle Menschen gleich lieb«
und fanden es ganz schlimm, daß Jesus sagte: »Gott ist mein Vater – ich gehöre zu ihm«.
Darum mußte er am Kreuz sterben.
Einige der Jünger waren dabei. Manche liefen weg. Andere versteckten sich.
Die Feinde von Jesus waren auch hinter ihnen – Jesu Freunden – her.

Sie saßen im Dunkeln und hatten Angst. War nun alles aus?
Aber dann kam einer zu ihnen – in ihre Dunkelheit und ihre Angst – und sagte: »Friede
sei mit euch!«
Andere kamen und erzählten:
»Jesus ist nicht tot. Er ist mit uns gegangen. Er hat mit uns geredet. Er hat mit uns gegessen.«
Später erzählten Frauen:
»Das Grab von Jesus ist leer. Jesus lebt!«

Die Jünger staunten. Waren sie nicht mehr allein?
Das war, als wenn ihnen jemand eine Decke vom Kopf genommen hatte. Das Dunkel
verschwand – es wurde hell.

Manche blieben trotzdem traurig – sie konnten es einfach nicht glauben.
Aber immer mehr Leute in Jerusalem hörten davon: Jesus lebt! Sie erzählten es weiter.
Einige wurden darüber so froh, daß sie miteinander tanzten und sangen.
Immer wieder hörte man: »Freut euch! Jesus lebt! Jesus ist wirklich auferstanden!«
Ihre Angst hatte sich in Freude verwandelt.
– Sie feierten ein Fest vom lebendigen Jesus.
– Sie feierten damals das erste Osterfest.
Und auch so viele hundert Jahre später feiern wir fröhlich Ostern, weil Jesus das Dunkle,
die Angst verwandelt hat: in das Helle – in große Freude.
(Nach »Erzähl mir vom Glauben«, S. 52 – S. 65, Hrsg. Arbeitsgruppe Kinderkatechismus)

Die Kinder gehen zurück zu ihren Plätzen bei den Eltern.

Lied:
»Große Leute, kleine Leute, feiern fröhlich Ostern heute, weil vom Tode Jesus Christ
auferstanden, auferstanden, wirklich auferstanden ist« (siehe Liedersammlung Nr. 9)
(Liedtext und Melodie werden vorgestellt und Stuck für Stück eingeübt.)

Aktion Osterlicht
Schaut einmal hier die große Osterkerze an:
Beim Gottesdienst am Ostersonntagmorgen, als es noch ganz dunkel in der Kirche war,
hat unser Pfarrer diese Kerze in die Kirche getragen und dabei gesungen »Christus, Licht
der Welt«. Die Osterkerze soll uns daran erinnern, daß Jesus auferstanden ist und lebt
und Licht der Welt ist.

Jede Familie bekommt nun eine kleine Osterkerze, welche sie an der großen Osterkerze
entzünden kann –
jede Familie kann dann das Osterlicht als Zeichen der Osterfeude mit nach Hause
nehmen.

Während wir die Kerzen entzünden, singen wir gemeinsam noch ein paarmal unser
Osterlied: »Große Leute, kleine Leute, feiern fröhlich Ostern heute ...«

Gebet:

> Lieber himmlischer Vater,
> Du hast uns durch die Auferstehung Deines Sohnes Jesus Christus die Angst vor
> dem Tod genommen.
> Laß das Licht von Ostern hell leuchten,
> damit alle Angst und Dunkelheit in unserem Leben ganz klein wird.
> Amen.
> *(Aus der Sicht der Erwachsenen)*

oder: (aus der Sicht der Kinder):

> Guter Gott, die vielen Lichter um uns herum sind schön.
> Du machst es warm und hell in unserem Leben.
> Dafür danken wir Dir.
> Amen.

Vater unser

Segenslied: *(die Erwachsenen halten dabei die Kerzen)*
»Herr wir bitten: Komm und segne uns ...« (mit Bewegungen, siehe Liedersammlung
Nr. 12)

Einladung zum nächsten Mini-Gottesdienst und Verabschiedung

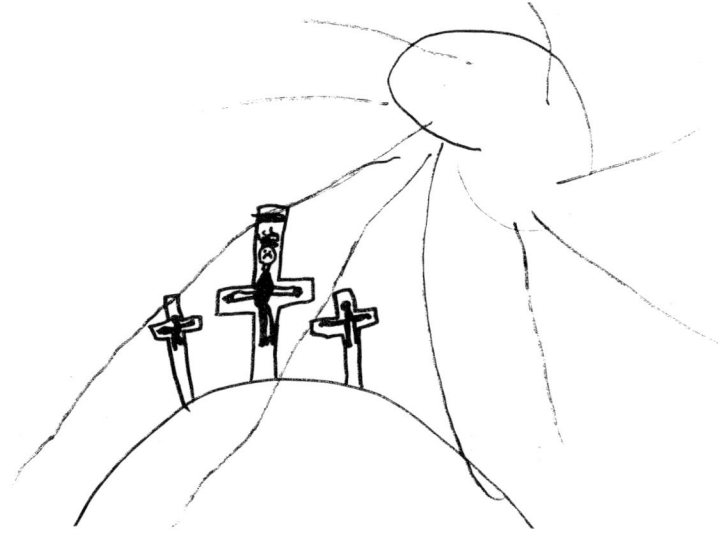

Ich singe Dir mit Herz und Mund

Thema:
Mini-Gottesdienst am Sonntag »Cantate«
(kann auch gefeiert werden, wenn ein Jubiläum – z.B. 1 Jahr Mini-Gottesdienst oder Eltern-Kind-Gruppe – gefeiert wird);
Singen als Ausdruck unseres Lobens und Dankens

Hauptelemente:
– gemeinsames Singen
– teilweise Begleitung der Lieder mit Instrumenten des kleinen Schlagwerks;
– Vielleicht möchten Sie selbstgebastelte Liedmappen zum Sammeln der Lieblätter verteilen

Vorbereitung:
– einen großen Korb mit Instrumenten des kleinen Schlagwerks (Rasseln, Klanghölzer, Handtrommeln, Schellenringe usw.) zusammenstellen;
– eventuell Liedmappen vorbereiten (Anregungen siehe Anhang)

Begrüßung

Lied:
»Heut ist ein Tag, an dem ich singen kann ...« (siehe Liedersammlung Nr. 13)

Einführung:
Heute ist ein Sonntag, der einen ganz besonderen Namen hat: Cantate«.
Das ist ein Wort aus einer alten Sprache und bedeutet: »Ihr sollt singen!« oder »Singt!«.
Darum werden wir in diesem Mini-Gottesdienst auch sehr viel singen!
Singen kann man allein oder gemeinsam.
Wir können singen, wenn wir fröhlich sind und wenn wir traurig sind.
Und wenn einer singt, gibt es meistens auch jemanden, der zuhört.
Wir können singen, weil wir uns über Gott freuen,
und wenn wir Gott loben wollen für alles, was wir von ihm wissen.
Und genau das meint der Text von unserem nächsten Lied:
»Ich singe dir mit Herz und Mund, Herr, meines Herzens Lust,
ich sing' und mach auf Erden kund, was mir von dir bewußt.«

Lied:
»Ich singe dir mit Herz und Mund ...« (siehe Liedersammlung Nr. 15)

Gebet:
Lieber himmlischer Vater,
wir erfahren jeden Tag neu,
wie Du für uns sorgst.
Darum loben wir Dich.
Amen.

Thematischer Hauptteil:
Die Kinder werden eingeladen, auf die Teppiche vor dem Altar zu kommen.

Im **gemeinsamen Gespräch** *erfahren wir, wann die Kinder singen, wo sie singen, wie und weshalb sie singen ...*

Gott will, daß wir singen, daß wir uns freuen.
Und wir können Gott danken, daß es Dinge gibt, über die wir uns freuen können: bei uns selbst, in der Familie, mit anderen Menschen oder in der Natur.
Wenn wir uns freuen und Gott dafür danken, dann loben wir Gott.
Und das werden wir jetzt mit unserem nächsten Lied tun:

Lied:
»Laßt uns miteinander, singen, beten, loben den Herrn...« (siehe Liedersammlung Nr. 19)

Wir haben gerade Gott mit einem Lied gelobt.
Das haben die Menschen auch schon früher getan. Das steht zum Beispiel auch in unserer Bibel:
Da wird von David erzählt, wie er in einem Psalm singt:
»Nun ist mein Herz fröhlich, und ich will Gott danken mit meinem Lied.«
David war ein Junge, der Schafe hüten mußte. Und wenn er nichts zu tun hatte, sang er gerne Lieder. Dabei begleitete er sich auf einem Instrument – einer Harfe. Das ist ein Zupfinstrument, das man beim Spielen im Arm hält.

Unsere Lieder hier im Mini-Gottesdienst werden auch von einem Instrument begleitet: einer Gitarre.
Und wer von euch schon einmal im Gottesdienst der »Großen« dabei war, der hat auch schon gehört, wie die große Kirchenorgel die Lieder begleiten kann.

Wir haben heute Instrumente dabei, mit denen auch Kinder Lieder begleiten können:

Ein großer Korb mit Instrumenten des kleinen Schlagwerks (Rasseln, Handtrommeln, Schellenringe usw.) wird herumgegeben und jedes Kind nimmt sich ein Instrument. Wenn genügend Instrumente da sind, werden sie auch an die Erwachsenen verteilt. Die nächsten beiden Lieder werden von allen begleitet.

Lied:
»Laßt uns miteinander...« (siehe Liedersammlung Nr. 19)
Zweimal singen

Lied:
»Vom Aufgang der Sonne...« (siehe Liedersammlung Nr. 23)

Die Instrumente werden wieder eingesammelt und die Kinder gehen zurück zu ihren Eltern.

Gebet:
Lieber himmlischer Vater,
Du hast uns allen Stimme gegeben,
damit wir Dich loben und Dir singen können.
Dafür danken wir Dir!
Singen kann uns und andere froh machen,
und Freude steckt an!
Wir Eltern freuen uns mit unseren Kindern,
und wir Kinder mit unseren Eltern.
Laß uns gleich mit fröhlichem Herzen nach Hause gehen!
Amen.

Vater unser

Segenslied:
»Herr, wir bitten: Komm und segne uns...« (mit Bewegungen, siehe Liedersammlung Nr. 12)

Einladung zum nächsten Mini-Gottesdienst und Verabschiedung

Danke für unser tägliches Brot

Thema:
Wir danken Gott für unser tägliches Brot

Hauptelemente:
- Betrachtung von Getreideähren und gekeimtem Getreide (Gott hat dem Korn Kraft zum Keimen und Wachsen geschenkt);
- Aktion mit den Kindern: was können wir mit und aus Getreide machen?
- Brot teilen und verspeisen;
- Vorstellen und Verteilen eines Gebetswürfels, als Anregung für die Tischgebete in den Familien;

Vorbereitung:
- Getreideähren in ausreichender Anzahl (pro Familie eine Ähre) kurz vor der großen Ernte bei einem Bauern besorgen (ggf. auch im Naturkostladen oder Läden mit Bastelbedarf zu bekommen); Getreideähren In einem großen Korb bereitstellen;
- Getreidekörner ca. 10 Tage vor dem Gottesdiensttermin keimen lassen und in einen Blumentopf mit Erde pflanzen;
- Getreidekörner 2 – 3 Tage vor dem Gottesdiensttermin in einem Glas keimen lassen (Keimlinge / Sprossen feucht halten, aber nicht naß; gleichmäßige Temperatur ca. 21°C; Sprossen regelmäßig, mindestens zweimal täglich mit Wasser spülen;)
- Brot selbst backen (Rezept s. Anhang) oder beim Bäcker besorgen;

außerdem bereitlegen:
- Mörser, Schale mit Getreidekörnern, Schale mit Vollkornmehl, eine gekaufte Packung weißes Mehl
- Korb mit verschiedenen Getreideprodukten (Semmeln, Breze, Nudeln, Haferflocken ...) und mit Kuchenform
- Holzbrett, Brotmesser, Geschirrtuch zum Abdecken des Brotes
- Gebetswürfel (aus Holz) mit Tischgebeten (für jede Familie einen Würfel) entweder fertig kaufen z.B. in christlichen Buchhandlungen oder selbst herstellen.

Auf selbstgemachten Würfeln wählt man die Gebete, die einem gefallen, selbst aus – und die Würfel werden dann sicher auch gerne benutzt!
Als Alternative wären auch Würfel aus Papier denkbar. Wir entschieden uns für die Holzausführung, weil sie die größten Chancen hat, in den Familien auf Dauer Verwendung zu finden.
Die Papierwürfel sind nicht sehr stabil und rollen beim Würfeln schlecht ab.

Herstellen eines Gebetswürfels:
- Holzwürfel (Kantenlänge ca. 7 cm) zurechtsägen, Ecken abflachen, denn nur so rollt er beim Würfeln. Tip: wir haben die Würfel von einem befreundeten Schreiner aus Abfallholz anfertigen lassen!
- Holzwürfel abschmirgeln Mit Permanet-Stift Gebete auf die Seiten schreiben
- Eventuell mit passenden Symbolen versehen
- Wir haben die Gebete auf S.70 ausgewählt.

Begrüßung:
Hallo liebe Kinder, liebe Erwachsene,
herzlich willkommen in unserer Kirche, zum Mini-Gottesdienst,
mit dem Thema »Danke für unser tägliches Brot«.
Wir fangen an mit dem Lied »Heut ist ein Tag, an dem ich singen – lachen – klatschen und flöten kann«:

Lied:
»Heut ist ein Tag, an dem ich singen kann...« (siehe Liedersammlung Nr. 13)

Alle guten Gaben,
alles was wir haben
kommt, o Gott, von dir.
Wir danken dir dafür.
Amen.

Danket dem Herrn,
denn er ist freundlich,
und seine Güte
währet ewiglich. Amen.

Komm, Herr Jesus,
sei du unser Gast
und segne uns
und was du uns bescheret hast.
Amen.

Vater,
segne diese Speise,
uns zur Kraft
und dir zum Preise.
Amen.

Vater,
Wir leben von deinen Gaben.
Segne das Haus,
segne das Brot.
Gib uns die Kraft, von dem,
was wir haben,
denen zu geben in Hunger und Not.
Amen.

O Gott,
Von dir wir alles haben;
Wir preisen dich
für alle Gaben.
Du speisest uns,
weil du uns liebst.
So segne auch,
was du uns gibst.
Amen

Gebet:

Laßt uns beten:
Guter Gott, wir sind heute in der Kirche,
um mit anderen Kindern und Erwachsenen von Dir zu hören,
miteinander zu singen und zu beten.
Sei Du bitte bei uns und schenke uns einen fröhlichen Gottesdienst.
Amen.

Hinführung zum Thema:
Getreidebetrachtung und teilweise Gespräch mit den Kindern

Schaut einmal, was ich euch heute mitgebracht habe –
einen großen Korb voll mit Getreideähren.
Jede Familie darf sich nun eine Ähre nehmen, sie gemeinsam betrachten und befühlen.
Seht ihr den langen Halm? –
mit den Fingern könnt ihr spüren, wie glatt er ist.
Doch wie fühlt sich die Ähre oben an? –
da ist sie stachelig und rauh.
Wir sehen viele kleine Hüllen –
biegt einmal eine solche Hülle vorsichtig zur Seite –
was können wir jetzt entdecken? –
Ein kleines hartes Korn. Viele solche Körner sind in einer Ähre.
Versucht einmal vorsichtig so ein Korn herauszubrechen.

Haltet es behutsam in eurer Hand, wir brauchen es später noch.
Aus so einem einzigen winzigen Korn durfte eine ganze Getreideähre wachsen. Gott hat dem Korn die Kraft zum Keimen und zum Wachsen geschenkt.
Was braucht denn das Korn noch zum Wachsen? – Ja, Gott hat Sonne, Regen und Erde gegeben.
Ich zeige Euch jetzt Körner, die durch Gießen nach zwei Tagen kleine Wurzeln bekommen haben – *(gekeimtes Getreide in Glas zeigen).*
Werden diese Körner dann in die Erde gepflanzt, ist nach einer Woche bereits eine kleine grüne Pflanze gewachsen *(Getreidepflanzen in Blumentopf zeigen).*
Und nach vielen, vielen Wochen Sonne und Regen dürfen draußen auf dem Feld viele solche Getreideähren wachsen *(Getreideähre nochmals zeigen).*
Dafür können wir Gott danken, daß er das so wunderbar gemacht hat. Wir danken ihm mit dem Lied »Danket, danket dem Herrn, denn er ist sehr freundlich, seine Güt und Wahrheit währet ewiglich.«

Lied:
»Danket, danket dem Herrn, denn er ist sehr freundlich,
seine Güt und Wahrheit währet ewiglich.« (siehe Liedersammlung Nr. 2)
Text vorstellen und Melodie Stück für Stück einüben

Hauptteil
Durch praktische Demonstration und im **Gespräch mit den Kindern** *wird erarbeitet, wozu wir Getreidekörner brauchen:*

So, die Getreidekörner, die ihr in der Hand haltet, könnt ihr nun hier nach vorne in dieses Glasschälchen legen (Kinder und Erwachsene); die Kinder können dann gleich bei mir hier vorne bleiben.

Was kann ich mit diesen Körnern machen?
essen, zerkleinern, zerstoßen, zermalen ...
Ich möchte euch einmal zeigen, wie es aussieht, wenn ein paar Getreidekörner zerstoßen werden.
Dazu brauche ich diesen Mörser *(zeigen)*
Ich zerstoße nun die Getreidekörner im Mörser und zeige euch, was mit den Körnern passiert ... *(anschauen lassen)*
In einer Mühle werden die Körner zwischen Mahlsteinen zerkleinert und zerrieben und dadurch bekommt man Mehl, das wir dann im Laden so *(Mehlpackung zeigen)* kaufen können.
Vielleicht haben auch manche Familien zuhause eine kleinere Mühle, mit der man selbst Getreidekörner zu Mehl vermahlen kann. Das sieht dann so aus ... *(Vollkornmehl zeigen)*.

Mit dem Mehl können wir Brot backen oder der Bäcker bäckt es für uns. Schaut, hier habe ich ein Brot. *(Laib Brot zeigen)*
Und hier habe ich noch einen Korb mit veschiedenen Sachen, die auch alle aus Getreide bzw. Mehl zubereitet sind: *(den Korb vor Augen der Kinder auspacken und die Einzelheiten benennen lassen):* Semmeln, Breze, Nudeln, Haferflocken ... eine Kuchenform – auch zum Kuchenbacken braucht man Mehl.

Doch am wichtigsten für uns ist das Brot:
Wir essen es jeden Tag und deshalb nennen wir es auch unser »tägliches Brot«.
Es ist schön, wenn wir unser tägliches Brot haben und satt werden. Und es ist schön für diejenigen, die wenig zu essen haben, wenn wir sie nicht vergessen und mit ihnen teilen.

Wir möchten heute mit euch zusammen von diesem Laib Brot essen, so daß wir alle bewußt das Brot schmecken, das Brot, das aus solchen Körnern gebacken wurde *(Ähre zeigen)*.

Brot zerteilen – untereinander teilen – verspeisen ...
Wir haben genug zu essen und dafür können wir Gott danken mit dem Lied : »Danket, danket dem Herrn ...«
Während nun die Kinder zurück zu ihren Plätzen bei den Eltern gehen, werde ich das restliche Brot und die anderen Lebensmittel, als Zeichen unseres Dankes an Gott, auf den Altar stellen.

Lied:
»Danket, danket dem Herrn, denn er ist sehr freundlich,
seine Güt und Wahrheit währet ewiglich.« (siehe Liedersammlung Nr. 2)
Lied kann man an dieser Stelle auch als Kanon singen

Aktion Gebetswürfel: *(vgl. Gebete auf S. 70)*
Wir haben gerade ein Danklied gesungen. Wir haben »Danke« gesagt, weil Gott so gut
für uns sorgt.
Wir können uns oft bei unserem Gott bedanken – morgens, abends, und ganz besonders
gern danken wir Gott vor oder nach dem Essen – gemeinsam in der Familie oder allein.
Ihr habt vielleicht auch ein oder mehrere Tischgebete in euren Familien, die ihr immer
wieder sprecht. Dann beginnen alle die Mahlzeit gemeinsam mit einem Gebet. Das ist
etwas Schönes. *(Einen Gebetswürfel nehmen und zeigen)*
Schaut mal, was ich heute dabei habe – ja, einen Würfel.
Aber schaut mal genau: es sind keine Punkte oder Zeichen darauf und auch keine Farben!
Es ist ein ganz besonderer Würfel: ein Würfel, auf dem Gebete stehen.
Ein Gebetswürfel. Auf jeder Seite steht ein anderes Tischgebet.
Wir haben für jede Familie so einen Würfel gemacht. Ihr bekommt ihn später, nach dem
Segenslied, am Schluß des Gottesdienstes.
Zuhause könnt ich euch dann vor der nächsten Mahlzeit ein Tischgebet würfeln und
dann gemeinsam das Gebet sprechen.
Vielleicht darf jedesmal ein anderer würfeln ...

Schlußgebet *(wenn möglich, gemeinsam gesprochen)*
Wir werden unser gemeinsames Schlußgebet heute auch mit diesem Würfel würfeln.
*(würfeln – eventuell etwas schummeln, wenn das gewürfelte Gebet ganz eindeutig ein
Tischgebet ist und nicht in den Gottesdienst paßt; »Danket dem Herrn...« oder »Alle
guten Gaben ...« kennen wohl viele auswendig ...)*

Vater unser

Segenslied:
»Herr, wir bitten: Komm und segne uns...« (mit Bewegungen, siehe Liedersammlung
Nr. 12)

Verteilen der Gebetswürfel

Einladung zum nächsten Mini-Gottesdienst und Verabschiedung

Mini-Gottesdienst
zur Kirchweih

Thema:
Kirchweih – »Geburtstag unserer Kirche«

Hauptelement:
Aktion: wir bauen eine Kirche aus Pappkartons

Vorbereitung:
– Teile einer Papp – Kirche vorbereiten:
– große Bausteine z.B. aus Papphockern, zum Teil mit einfacher Bemalung z.B. Glocke, Uhr, Fenster, Tür
– Dächer für Turm und Kirchenschiff basteln

Begrüßung:
Herzlich willkommen zum Kirchweih – Mini-Gottesdienst!
Heute ist Kirchweih, d.h. heute hat unsere Kirche Geburtstag.
Wie feiern wir denn Geburtstag? Was gehört dazu?
Im **Gespräch mit den Kindern** zusammentragen: (Kuchen, gutes Essen, Gäste, Geschenke, Kerzen, Blumen, Singen, ...)

Singen, das können wir jetzt:

Lied:
»Heut ist ein Tag, an dem ich singen kann ...« (siehe Liedersammlung Nr. 13)

Ja, es machte viel Arbeit, dieses große Haus zu bauen, und die Leute damals haben lange daran gearbeitet.
Als die Kirche dann fertig war, wurde die erste Kirchweih gefeiert, und seitdem ist die Gemeinde zu vielen Gottesdiensten hier zusammengekommen.
Im Gottesdienst wird auch gebetet, d.h. wir reden mit Gott, und das laßt uns jetzt tun ...

Gebet:
　　Lieber himmlischer Vater,
　　wir sind dankbar und freuen uns, daß wir diese Kirche haben,
　　wo wir miteinander Gottesdienst feiern können.
　　Amen.

Wir singen heute zur Kirchweih ein neues **Lied**:
»Gott baut ein Haus das lebt, aus lauter bunten Steinen ...« (siehe Liedersammlung Nr. 8)

Aktion: Wir bauen eine Kirche aus vorbereiteten Kartons
(Wir verwendeten Sitzkartons, die durch entsprechende, einfache Bemalung, zusammengesetzt eine Kirche ergaben; die Kartons waren im Altarraum verteilt, und den Gottesdienstbesuchern wurde die Aufgabe gestellt, gemeinsam daraus eine Kirche zu bauen;)

Wir bauen nun eine Kirche und brauchen dazu jede Hand und jeden Baustein hier ..

Wir freuen uns, daß wir es geschafft haben, miteinander diese Kirche zu bauen.

Schaut euch einmal unsere große Kirche an – der Bau machte den Leuten damals viel Arbeit, und als sie die Kirche fertiggebaut hatten, freuten sie sich sehr und feierten Kirchweih; Gott will auch, daß wir uns freuen.
Wir können in die Kirche kommen, Große und Kleine und dort Gottesdienst feiern – singen und beten, von Gott erzählen und von Gott hören.
Jede Stadt und jedes Dorf hat eine Kirche, und wenn wir unterwegs sind mit dem Auto, dann sagen unsere Kinder oft »Mama schau mal, ich seh' eine Kirche«. Jeder Ort hat seine Kirche und das ist auch gut so.

Lied:
»Gott baut ein Haus...« (siehe Liedersammlung Nr. 8)

Gebet:
Lieber himmlischer Vater,
es sind schon viele Menschen in Deine Kirche gekommen –
Große und Kleine, Alte und Junge.
Immer wieder laden die Glocken uns ein, zu kommen.
Hier können wir Dich gemeinsam loben,
von Dir hören und erzählen
und Dir nahe sein.
Das ist gut so.
Laß uns noch viele gemeinsame Gottesdienste in dieser Kirche feiern!
Amen.

Vater unser

Segenslied:
»Herr, wir bitten: Komm und segne uns...« (mit Bewegungen (siehe Liedersammlung Nr. 12)

Verabschiedung und Einladung zum nächsten Mini-Gottesdienst

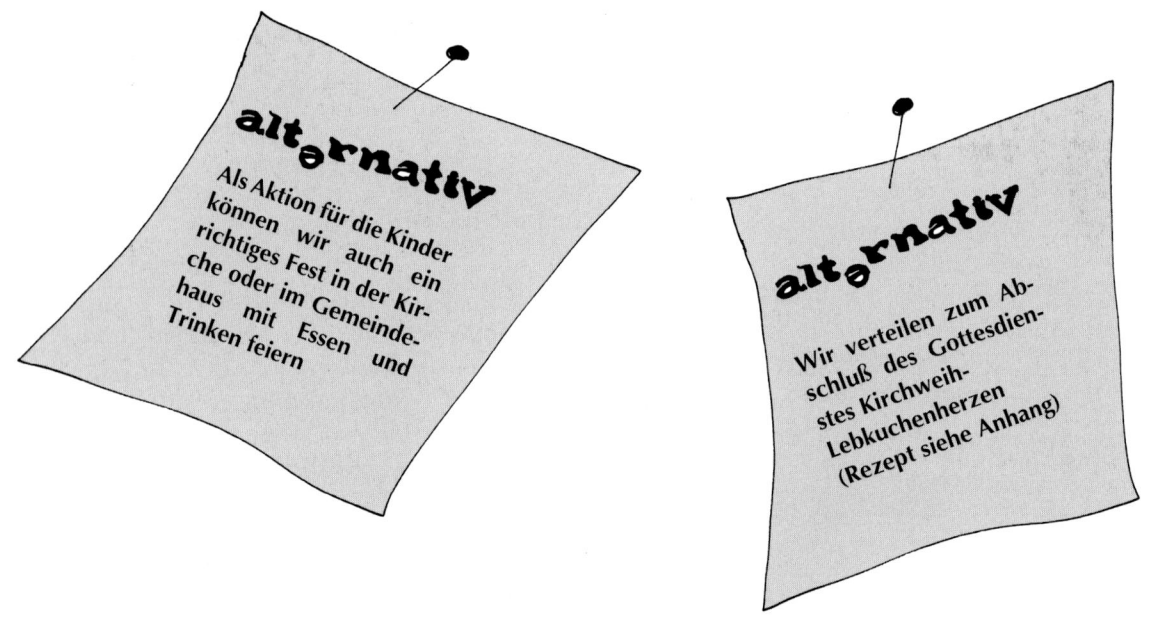

alternativ
Als Aktion für die Kinder können wir auch ein richtiges Fest in der Kirche oder im Gemeindehaus mit Essen und Trinken feiern

alternativ
Wir verteilen zum Abschluß des Gottesdienstes Kirchweih-Lebkuchenherzen (Rezept siehe Anhang)

Biblische Geschichten

Gott hat unsere Welt erschaffen

Thema:
Schöpfungsgeschichte (Genesis 1)

Hauptelemente:
- Erzählung der Schöpfungsgeschichte mit gleichzeitiger Darstellung (Einsatz von Ostheimer Holzfiguren, Tüchern usw.)

Vorbereitung:
- Pappunterlage für die Schöpfungsgeschichte herstellen (ca. 1,50m x 1,80m),
- diese Pappe in der Mitte knicken, eine Hälfte blau bemalen (Himmel), die andere Hälfte grün bemalen (Land)
- Sonne, Mond und Sterne aus gelbem oder orangem Papier ausschneiden
- Wolke aus weißem Papier ausschneiden
- Zwei Vögel aus Papier schneiden

außerdem bereitlegen:
- Ausgetriebene Zwiebel
- 1 großes schwarzes Tuch (Nacht)
- 1 kleines weißes Seidentuch (Tag)
  1 blaues Tuch (Wasser)
- Holzfiguren: Bäume, Fische, Vögel, Tiere, Mann und Frau (z.B. Ostheimer Holzfiguren, Bezugsquelle siehe Anhang)
- Stecknadeln

Begrüßung

Lied:

»Heut ist ein Tag, an dem ich singen kann ...« (siehe Liedersammlung Nr. 13)

Einführung:

– ausgetriebene Zwiebel zeigen;
– vieles was im Winter wie tot ist, erkennen wir wieder als lebendig: Blumen, Bäume, Vögel, Käfer usw. – die warme Sonne weckt alles auf;
– wir sehen, daß unsere schöne Erde aus Leben besteht – und wir gehören mitten da hinein. Um uns herum gibt es alles, was für uns und unser Leben wichtig ist – dafür hat Gott gesorgt.

Gebet:

Lieber Vater im Himmel!
Wir freuen uns an den Blumen, den Bäumen und den Tieren.
Du hast uns diese schöne Welt gegeben. Wir danken Dir dafür.
Amen.

Lied:

»Du gibst uns die Sonne, Alles kommt von dir...« (siehe Liedersammlung Nr. 5)
Melodie und Text der ersten Strophe lernen

Hauptteil: Gott hat unsere Welt erschaffen mit Darstellung

Die erste Geschichte in der Bibel ist die Geschichte, wie die Welt erschaffen wurde, und diese Geschichte werde ich heute erzählen.

Ich werde euch erzählen, wie Gott in sechs Tagen die Welt erschuf und am siebten Tag von seiner Arbeit ausruhte.

Wir Erwachsenen können uns das Werden der Schöpfung eher vorstellen, wenn wir jeden Tag als Ausdruck für einen längeren Zeitraum verstehen.

So, und jetzt möchte ich die Kinder, die auf einem Papphocker sitzen, bitten, darauf sitzen zu bleiben;
und die Kinder, die weiter hinten sitzen, können hier nach vorne auf die Teppiche kommen.

Heute seht ihr hier etwas Ungewohntes, und ihr werdet gleich bei der Geschichte merken, was es damit auf sich hat.

(vor den Kindern liegt das Rechteck aus Pappe, alles ist zugedeckt mit einem schwarzen Tuch)

Erzählung »Gott hat unsere Welt erschaffen« mit Darstellung durch Figuren (Text nach Weth, Neukirchener Kinder-Bibel S.12 – 13):

Am Anfang schuf Gott Himmel und Erde.
Noch war die Erde ganz leer und ohne Leben.
Wasser bedeckte das Land, und es war überall dunkel.

Am ersten Tag aber sprach Gott: »Es werde Licht!«
Und es geschah, wie Gott gesagt hatte: *(ein weißes Seidentuch wird in die Mitte des schwarzen Tuches gelegt)*
Über der Erde wurde es ganz hell.
Und Gott sah, daß das Licht gut war. Er nannte das Licht »Tag«.
Und die Dunkelheit nannte er »Nacht«.

Am zweiten Tag sprach Gott: »Über der Erde soll ein Himmel sein!«

Da geschah es, wie Gott gesagt hatte:

(das schwarze Tuch wird abgenommen und die blaue Hälfte der Pappe, als Himmel hochgeklappt; eine Wolke aus Papier wird angepinnt)

Ein blauer Himmel leuchtete über der Erde und weiße Wolken zogen am Himmel dahin.

Und Gott sah, daß es gut war, was er gemacht hatte.

Am dritten Tag sprach Gott: »Alles Wasser soll weichen!«

Da geschah es, wie Gott gesagt hatte:

(das blaue Tuch auf der Landhälfte wird auf eine Ecke zusammengezogen, zwei große Steine werden auf das Land gelegt)

Das Wasser floß zusammen. Das Land wurde trocken.

Und Gott nannte das Wasser »Meer«. Und das Trockene nannte er »Land«. Und er ließ auf dem trockenen Land alles wachsen, Gras, Sträucher und Bäume.

(Bäume auf die Landhälfte stellen)

Und Gott sah, daß es gut war, was er gemacht hatte.

Am vierten Tag sprach Gott: »Lichter sollen am Himmel leuchten, die Sonne am Tag und der Mond und die Sterne in der Nacht!«

Da geschah es, wie Gott gesagt hatte:

(eine Sonne aus Papier wird angepinnt, über eine Seite des Himmels wird das schwarze Tuch gehängt und daran werden Mond und Sterne befestigt)

Die Sonne ging über der Erde auf und schien warm auf die Erde.

Und als es Abend wurde, stand der Mond am Himmel und leuchtete hell, und viele, viele Sterne funkelten in der dunklen Nacht.

Und Gott sah, daß es gut war, was er gemacht hatte.

Am fünften Tag sprach Gott: »Im Wasser sollen Fische leben und Vögel in der Luft!«

Da geschah es, wie Gott gesagt hatte:

(Fische werden auf das blaue »Wassertuch« gelegt und Vögel auf einen Baum gesetzt)

Das Wasser wimmelte bald von Fischen. Und Vögel flogen in großen Schwärmen herbei. Sie krächzten und zwitscherten und erfüllten die Luft mit ihrem Lärm.

Und Gott sprach zu ihnen: »Eier sollt ihr legen und sie ausbrüten! Immer mehr Fische und immer mehr Vögel soll es geben. Alles Wasser und alle Luft soll von euch erfüllt sein.«

Und Gott sah, daß es gut war, was er gemacht hatte: die Fische im Wasser und die Vögel in der Luft.

Am sechsten Tag sprach Gott: »Auch auf dem Land sollen Tiere wohnen!«
Da geschah es, wie Gott gesagt hatte:
(verschiedene Tiere werden dazugestellt)
Gott schuf Tiere, große und kleine, flinke und lahme, wilde und zahme, alles was kriecht und was Beine hat.
Und Gott sah, daß es gut war, was er gemacht hatte.

Zuletzt aber schuf Gott den Menschen. Gott sprach: »Ich will Menschen machen, die mir gleichen und über allen Tieren stehen.«
Und Gott schuf den Menschen nach seinem Bild.
(Mann und Frau dazustellen)
Und Gott segnete den Menschen und sprach: »Alles, was ich gemacht habe, soll für dich da sein: die Bäume und die Früchte, die Fische und die Vögel und die Tiere auf dem Land. Alles soll dir gehören und den Menschen, die einmal auf der Erde leben werden. Aber du sollst mir gehören!«
Und Gott sah auf alles, was er gemacht hatte:
Es war alles sehr gut.

Am siebten Tag aber ruhte Gott.
Und Gott segnete diesen Tag und sprach: »Dieser Tag soll mein Tag sein. Alle Arbeit soll ruhen an diesem Tag.«
So wurden Himmel und Erde geschaffen durch Gott, den Herrn.
Alles, was in dieser Welt ist, kommt von ihm.
Dafür können wir ihm danken, zum Beispiel mit dem Lied, das wir heute neu gelernt haben.
Doch bevor wir dieses Lied miteinander singen, möchte ich euch bitten, zurück auf Eure Plätze zu gehen.

Lied:
»Du gibst uns die Sonne...« (siehe Liedersammlung Nr. 5)

Gebet:

Lieber himmlischer Vater.
Du hast uns die ganze Welt geschenkt,
dafür danken wir Dir.
Uns hast Du Augen gegeben – laß uns damit Deine Schöpfung bestaunen.
Du hast uns auch Hände gegeben –
laß uns damit die Erde, die Du uns anvertraut hast, pflegen
und für alle Menschen – die, die *mit uns* leben
und die, die *nach uns* sein werden – bewahren.
Dafür bitten wir um Deine Hilfe.
Amen.

Vater unser

Segenslied:
»Herr, wir bitten:
Komm und segne uns...«
(siehe Liedersammlung
Nr. 12)

**Einladung zum
nachsten Mini-
Gottesdienst und
Verabschiedung**

alternativ

Wir waren sehr beeindruckt, wie aufmerksam
die Kinder während des Hauptteiles waren.
Wenn Sie bedenken haben, ob die Kinder relativ
ruhig zuhören können, können Sie diese Schöpfungsgeschichte auch »Tag für Tag« erzählen
und jeden Tag der Schöpfungsgeschichte von
den Kindern darstellen lassen, z.B.:
1. Tag: Es werde Licht: Augen erst mit den
Händen zuhalten, dann Hände weit öffnen...
2. Tag: Den Himmel mit einem großen Armkreis
beschreiben,
Wasser, Sterne, Fische, Tiere und Menschen Tag
für Tag darstellen lassen.
Bei dieser Methode muß darauf geachtet werden, daß der »rote Faden« der Geschichte, die
Erzählung als Einheit, nicht verloren geht.

Die Geschichte vom Regenbogen

Thema:
Gott ist alle Tage, unser ganzes Leben lang bei uns, bei ihm sind wir sicher;
der Regenbogen ist ein Zeichen seines Versprechens;

Hauptelemente:
– Erzählung der Geschichte von Noah und vom Regenbogen (1. Mose 6 – 9) mit einfachen Hilfsmitteln unterstrichen;
– »Regenbogen – Spruch« mit Bewegung;

Vorbereitung:
– Postkarten mit dem Spruch vom Regenbogen beschriften (Kopie) und mit einem bunten Regenbogen bemalen, pro Kind eine Karte vorbereiten
– einen blauen Photokarton (70 x 50 cm) mit einem Regenbogen bemalen;

außerdem für die Erzählung der Geschichte bereitlegen:
– grünes Tuch
– blaues Tuch
– Holz – Arche
– Blatt
– Tambourin oder Pappkarton

Begrüßung

Lied:
»Heut ist ein Tag, an dem ich singen kann ...« (siehe Liedersammlung Nr. 13)

Gebet:
Guter Gott, es ist schön,
daß wir heute mit vielen anderen Kindern,
Mamas, Papas, Omas und Opas, vielleicht auch Paten
zusammen Gottesdienst feiern.
Bitte sei Du mitten unter uns
und schenke uns einen fröhlichen Gottesdienst.
Amen.

Lied:
»Ich bin bei euch alle Tage, seid nicht bang,
ich bin bei euch euer ganzes Leben lang,
spricht der Herr, spricht der Herr.« (siehe Liedersammlung Nr. 14)
Liedtext vorstellen und erklären: »Seid nicht bang« heißt so viel wie »habt keine Angst«
und mit »Herr« ist »Gott« gemeint; Melodie Stück für Stück einüben.
Gerade haben wir es gesungen: Gott sagt uns, daß er alle Tage und unser Leben lang bei
uns ist – das hat er auch einem Mann versprochen, der Noah hieß und davon werden
wir gleich hören.

Hauptteil:
Alle Kinder werden eingeladen, auf die Teppiche vor dem Altar zu kommen.

Erzählung: Die Geschichte vom Regenbogen
Inhalt mit einfachen Hilfsmitteln unterstützen und eindrucksvoll darstellen

Gott hat alles geschaffen.
Er hat die Blumen gemacht, die Bäume und auch die Tiere.
Alles ist schön und gut. Gott freut sich darüber.
Auch die Menschen hat Gott erschaffen, aber über sie kann er sich oft nicht mehr freuen
– sie haben ihn vergessen, sie haben viel Streit untereinander, sie schlagen sich und töten
einander.
Da spricht Gott: »Ich will nicht, daß solche Menschen auf der Erde leben. Ich will eine
große Flut kommen lassen und alle Menschen vernichten. Tag und Nacht soll es regnen!«

Nur ein Mann ist anders als die anderen – er heißt Noah und macht bei dem bösen Treiben der anderen Menschen nicht mit.
Noah ist ein Mann, der auf Gott hört.
Deshalb spricht Gott zu ihm: »Noah bau dir ein großes Schiff, eine Arche, und wenn du damit fertig bist, gehe mit deiner Frau und deinen Kindern hinein. Außerdem wähle von allen Tieren ein Männchen und ein Weibchen aus und nimm sie mit in die Arche.«
Noah hört auf Gott und baut eine Arche, auch wenn gar kein Wasser in der Nähe ist, auf dem das große Schiff schwimmen könnte.
(Die Holzarche wird auf ein grünes Tuch gestellt)
Als die Arche fertig ist, geht er mit seiner Familie und den Tieren hinein, so wie Gott es ihm gesagt hat.
(Die Kinder stellen ihre Tiere in die Arche.)
Der Himmel wird schwarz und es fängt an zu regnen.
(das Fallen der Regentropfen wird mit trommelnden Fingern auf einem Tamburin oder auf einer Pappschachtel untermalt)
es regnet und regnet,
es hört gar nicht mehr auf.
Das Wasser überschwemmt das Land.
(Ein blaues Tuch wird um die Arche gelegt, so daß das grüne Tuch bedeckt ist; vorne, vor den Augen der Kinder lappen die Enden des blauen Tuches übereinander)
Das Wasser steigt höher und höher,
alles geht unter, sogar die Berge sind unter Wasser.
Die Arche aber mit Noah, seiner Familie und den Tieren wird vom Wasser hochgehoben und schwimmt sicher auf der Flut. Sie sind sicher und geborgen in der Arche.

Viele Tage und Wochen regnet es.
Gott aber hat Noah nicht vergessen und macht dem Regen und der Flut ein Ende.
Das Wasser geht langsam zurück *(blaues Tuch vorne leicht öffnen)*
und eines Tages setzt sich die Arche auf einem Berg fest.
Nach einiger Zeit läßt Noah eine Taube ausfliegen, doch die Taube kommt wieder zurück, denn überall ist noch Wasser.
Nach ein paar Tagen läßt Noah wieder eine Taube ausfliegen und als diese am Abend zurückkommt, trägt sie ein grünes Blatt im Schnabel. *(Ein grünes Blatt zeigen und zur Arche legen)*
Da weiß Noah, daß er nicht mehr lange warten muß. *(Blaues Tuch ein Stück zurücknehmen)*
Nach einer Woche läßt er dann zum dritten Mal eine Taube ausfliegen und diese kommt nicht mehr zurück.
Da schaut Noah selbst nach und sieht: die Erde, das Land ist ganz trocken. *(Blaues Tuch ganz wegnehmen)*

Da spricht Gott zu Noah: »Geh aus der Arche mit deiner ganzen Familie und allen Tieren.«
Noah macht die Tür weit auf und alle kommen heraus.
Sie freuen sich! Wie schön ist es wieder auf der Erde!
Und oben am Himmel leuchtet ein Regenbogen.
(Photokarton mit Regenbogen zeigen und hinter der Arche aufstellen)

Aus Steinen baut Noah einen Altar und dankt Gott:
»Guter Gott, wir danken Dir, daß Du uns am Leben erhalten und beschützt hast!«
Da spricht Gott zu Noah:
»Habt keine Angst!
Ich will euch versprechen, daß keine Flut mehr kommen soll.
Ihr könnt immer sicher bei mir sein.
Seht euch den Regenbogen am Himmel an – er ist mein Zeichen, daß ich mein
Versprechen halten werde.
So wie der Regenbogen über der Erde steht, so will ich auch die Erde und alles was darauf
lebt behüten.«
(Nach Genesis 6 – 9)

Die Kinder gehen zurück auf ihre Plätze bei den Eltern.

Lied:
»Ich bin bei euch alle Tage, seid nicht bang ...« (siehe Liedersammlung Nr. 14)

Aktion Regenbogen
Wer hat denn schon einmal einen Regenbogen gesehen?
Wie groß ist so ein Regenbogen? *(Kinder zeigen lassen)*
Ich kenne einen schönen Spruch zum Regenbogen
und den will ich euch einmal vorsagen:

Ein bunter Regenbogen
ist übers Land gezogen
damit ihr's alle wißt,
daß Gott uns nicht vergißt.

Rolf Krenzer

(Aus Rolf Krenzer:
Wir kleinen Menschenkinder, S. 110)

Dazu kenne ich auch Bewegungen:
- *mit den Armen die Form eines großen Regenbogen beschreiben*
- *auf alle Personen in der Runde deuten*
- *Hände in Brusthöhe, offen nach oben halten*

Versuchen wir es doch einmal miteinander und am besten geht es im Stehen – auch die Erwachsenen dürfen mitmachen.

Vorbereitete Karten mit Spruch und Regenbogendarstellung an die Kinder verteilen.

Auf diesen Karten steht der Spruch vom Regenbogen, den ihr gerade kennengelernt habt – vielleicht kann euch die Karte daran erinnern, vielleicht mögt ihr sie auch verschenken, oder sogar mit der Post verschicken – das kann sich jeder überlegen.

Lied:
»Ich bin bei euch alle Tage seid nicht bang ...« (siehe Liedersammlung Nr. 14)
Als dreistimmigen Kanon singen.

Gebet:
Guter Gott,
wir danken Dir für Dein Versprechen,
daß Du immer bei uns bist.
Wir danken Dir, daß Du einen Bund des Friedens
mit uns Menschen geschlossen hast.
Wir bitten Dich, guter Gott, hilf uns,
daß auch wir ein Leben unter dem Zeichen des Regenbogens führen –
damit auch unsere Kinder und Enkel,
die Tiere und Pflanzen leben können.
Amen.
(Aus der Sicht der Erwachsenen)

oder: (Aus der Sicht der Kinder)
Guter Gott, du bist bei uns alle Tage,
du vergißt uns nicht,
du hast uns lieb.
Dafür danken wir Dir.
Amen.

Vater unser

Segenslied:
»Herr, wir bitten: Komm und segne uns...« (mit Bewegungen, siehe Liedersammlung Nr. 12)

Einladung zum nächsten Mini-Gottesdienst und Verabschiedung

alt**e**rnativ

Wir haben auch schon von verschiedenen Alternativen gehört, die Geschichte nach-zu*spielen*. Wir möchten allerdings darauf hinweisen, daß es für die Kinder ganz schlimm ist, wenn zum Beispiel sie als Tier sicher in der Arche sitzen, wenn das große Wasser kommt, aber Mama und Papa nicht dabei sind und womöglich überschwemmt werden... ?
Also bitte aufpassen, wie diese Geschichte gespielt wird, wer überlebt?

Alle werden satt

Thema:
Speisung der Fünftausend
(Markus 6,32-44)

Hauptelemente:
- Brot wird untereinander geteilt
- Erzählung zu Markus 6,32-44

Vorbereitung:
- kleine Fladenbrote backen (Rezept siehe Anhang);
- außerdem ein Photo von einer großen Menschenmenge bereitlegen

Begrüßung

Lied:

»Heut ist ein Tag, an dem ich singen kann ...« (siehe Liedersammlung Nr. 13)

Gebet:

Lieber Vater im Himmel!
Du versorgst uns mit allem,
was wir zum Leben brauchen.
Wir danken Dir dafür.
Amen.

Einführung – Brot untereinander teilen:

Als *Gespräch mit den Kindern:*

Kennt ihr das Gefühl, wie das ist, wenn man mit anderen zusammen ist und einer etwas Gutes zum Essen auspackt – und ihr habt nichts dabei?

Und kennt ihr auch das schöne Gefühl, wenn euch dann etwas abgegeben wird, wenn jemand mit euch teilt?

Ich habe heute auch etwas zu essen dabei – es ist nicht viel, aber, es soll für uns alle sein.

Ich teile es jetzt aus – und bevor wir anfangen zu essen, schauen wir, ob vielleicht jemand da ist, der noch nichts hat.

Denn Brot kann man teilen.

(Größere Fladenbrotstücke werden an einzelne Kinder und Erwachsene verteilt; diese teilen dann mit denjenigen, die noch nichts haben)

Lied:

»Brich mit den Hungrigen dein Brot ...« (siehe Liedersammlung Nr. 1)

Erzählung

(Nach Weth: Neukirchener Kinder-Bibel, S.197 – S.199)

Die Kinder werden eingeladen, auf die Teppiche vor dem Altar zu kommen.

»Einmal wollte Jesus mit seinen Jüngern ganz allein sein.

Er stieg in ein Boot und fuhr mit ihnen über den See zum anderen Ufer, wo es keine Häuser und keine Menschen gab, nur einsame Berge. Aber die Leute hatten gesehen, wohin Jesus fuhr. Sie liefen ihm voraus, um den See herum. Als Jesus ans andere Ufer

kam, standen sie schon da und warteten auf ihn. Viele tausend Menschen waren es. Und immer mehr kamen hinzu.
(Zur Veranschaulichung dieser Zahl zeigen wir ein Photo von einer riesigen Menschenmenge)

Als Jesus sie sah, Frauen und Männer, Alte und Junge, Gesunde und Kranke, hatte er großes Mitleid mit ihnen.
Sollte er sagen: »Geht nach Hause! Ich habe jetzt keine Zeit für euch«?
Nein, er spürte: Sie brauchten ihn alle. Sie waren wie Schafe, die keinen Hirten haben.
Da ging er zu ihnen hin, heilte die Kranken, tröstete die Traurigen und erzählte ihnen von Gott, der alle Menschen lieb hat.
Darüber wurde es Abend. Die Sonne ging schon bald unter.
Aber immer noch standen die Menschen bei Jesus und hörten ihm zu. Da kamen die Jünger zu Jesus und sagten: »Die Leute haben Hunger. Es ist schon spät. Bald wird es Nacht. Und hier ist es einsam. Schick sie endlich nach Hause! Dann können sie sich unterwegs noch etwas Brot kaufen.«
Aber Jesus sprach: »Gebt ihr ihnen zu essen!«
Die Jünger sahen Jesus erstaunt an. »Sollen wir denn weggehen und Brot kaufen für so viele Menschen? Mindestens 200 Silberstücke müßten wir dafür bezahlen. Und es würde trotzdem nicht reichen!«
»Wieviel Brot ist hier?« fragte Jesus die Jünger, »Fragt einmal nach und sagt mir Bescheid!«
Da machten sich die Jünger auf die Suche nach Brot.
Bald kamen sie zurück und meldeten Jesus: »Wir haben einen Jungen gefunden, der hat fünf Brote und zwei Fische. Aber was sind fünf Brote und zwei Fische für so viele Menschen?«
»Bringt das Brot und die Fische zu mir!« befahl Jesus. »Und sagt allen, sie sollen sich setzen!«
Da setzten sich alle in Gruppen ins Gras.(...)
Fast sah es so aus, als ob sie sich um einen gedeckten Tisch setzten.
Da nahm Jesus das Brot, schaute auf zum Himmel, dankte Gott, brach es und gab es den Jüngern.
Die teilten das Brot aus und auch die Fische. Immer mehr Brot und immer mehr Fisch teilten sie aus an alle, Männer und Frauen und Kinder. Alle aßen und wurden satt, ja, mehr als satt!
Danach sammelten die Jünger auf, was übriggeblieben war: zwölf volle Körbe! Nur fünf Brote und zwei Fische waren es gewesen. Aber Jesus hatte alle satt gemacht.

Die Kinder gehen wieder zurück auf ihre Plätze bei den Erwachsenen.

Lied:
»Brich mit den Hungrigen dein Brot ...« (siehe Liedersammlung Nr. 1)

Gebet:
    Lieber himmlischer Vater,
    wir wissen, daß Du uns alle satt machen kannst.
    Das macht uns froh und mutig für unser Leben.
    Laß uns dabei auch an andere Menschen denken:
    laß uns erkennen, was die anderen brauchen und
    laß uns teilen, wenn wir genug haben.
    Amen.

Vater unser

Segenslied:
»Herr, wir bitten: Komm und segne uns...« (mit Bewegungen, siehe Liedersammlung Nr. 12)

Einladung zum nächsten Mini-Gottesdienst und Verabschiedung

Jesus und Zachäus

Thema:
Problem der Ausgrenzung
Gott will nicht, daß jemand ausge-
schlossen ist

Hauptelemente:
- Erzählung: Jesus und Zachäus
  (Lukas 19,1-10);
- mit Hilfe eines schwarzen Tuches
  wird das Problem der Ausgrenzung verdeutlicht;

Vorbereitung:
- einen großen Zachäus aus Pappe
  (ca. 1m groß) basteln (Anleitung
  siehe Anhang) und überlegen,
  wie diese Pappfigur stehen kann;

außerdem bereitlegen:
- ein großes schwarzes Tuch (z.B.
  gefärbtes Bettuch)

Begrüßung:
Liebe Kinder, liebe Erwachsene,
schön, daß ihr da seid und mit uns diesen Mini-Gottesdienst feiert.
Wir beginnen mit unserem Anfangslied:

Lied:
»Heut ist ein Tag, an dem ich singen kann...« (siehe Liedersammlung Nr. 13)

Gebet:
> Lieber Vater im Himmel,
> die Glocken haben uns zum Mini-Gottesdienst gerufen.
> Es ist schön, mit anderen Kindern, mit Eltern und Großeltern
> hier zusammen zu sein –
> und es ist schön, daß Du bei uns bist.
> Dafür danken wir Dir.
> Amen.

Einführung:
Ich habe heute ein schwarzes Tuch mitgebracht.
Ich will mit diesem Tuch etwas zeigen, etwas erklären.
Schaut mal her ... wir sind hier eine schöne Runde, eine Gemeinschaft, wir sind hier alle zusammen im Mini-Gottesdienst, jeder gehört dazu.
Wenn ich mir jetzt das Tuch überhänge, kann *ich* niemanden sehen und *mich* kann niemand sehen. Ich bin ausgeschlossen.
Ich möchte euch das zeigen und gehe zu einigen Familien und hänge sie mit dem schwarzen Tuch zu. Ich frage alle, wie es ihnen dabei geht:

Die Ausgeschlossenen:
Wir sehen nicht, was passiert, wer lacht, wer weint;
wir können nicht mehr mitmachen;
wir sind nicht mehr in der großen Gemeinschaft;
wir werden traurig, einsam.

Die anderen im Kreis:
Wir können die Ausgeschlossenen nicht mehr sehen;
wir wissen nicht, wie es ihnen gerade geht;
wir können nichts mit ihnen machen, klatschen, singen ...;
das schwarze Tuch stört.

Manchmal passiert es bei den Kindern im Spiel: ein Kind wird aus irgendeinem Grund ausgelacht, wird geärgert oder gehauen und darf nicht mehr mitspielen. Es ist ausgeschlossen, wie hinter einem schwarzen Tuch.
Wir Erwachsenen haben meist einen guten Grund – so meinen wir – warum wir jemanden ausschließen, aus unserem Leben isolieren. In diese Situation hinein singen wir:

Lied:
»Das wünsch ich sehr, daß immer einer bei mir wär,
der lacht und spricht: fürchte dich nicht.« (siehe Liedersammlung Nr. 4)
3x singen eventuell mit Bewegung

Hauptteil:
Alle Kinder werden auf die Teppiche vor dem Altar gebeten.

Früher, zu der Zeit, in der Jesus lebte, konnte man nicht einfach so wie wir heute in eine Stadt hineinfahren und hinausfahren – an jedem Stadttor saßen damals Menschen, denen die Leute, die in die Stadt hineingehen wollten, Geld bezahlen mußten. Mann nannte sie »Zöllner« und keiner mochte sie besonders.

Heute möchte ich euch eine Geschichte aus der Bibel erzählen, in der so ein Zöllner vorkommt.

Dieser Zöllner hieß Zachäus.
(Papp – Zachäus aufstellen, schwarzes Tuch liegt davor: Abb. 1, S. 98)
Er verdiente durch seine Arbeit viel Geld und vielleicht nahm er von den Leuten auch mehr Geld, als er eigentlich nehmen durfte.
Er war ein reicher Mann.

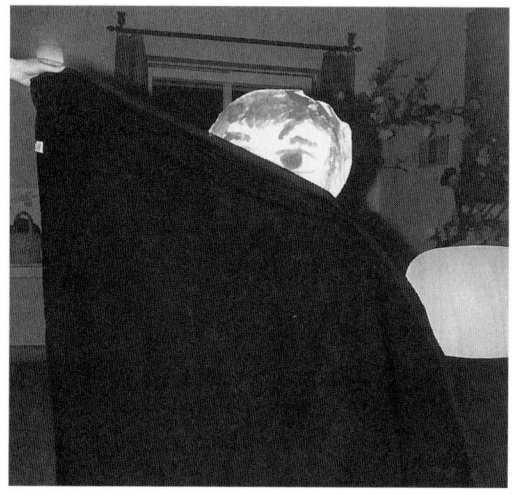

Abb. 4

Abb. 1

Abb. 3

Abb. 2

Aber ... *(das schwarze Tuch wird Stück für Stück höher gezogen, siehe Fotoserie)*
... keiner sprach mit ihm
... keiner grüßte ihn (Abb. 2)
... sie zeigten sogar auf ihn, den Gauner (Abb. 3)
... er hatte keinen einzigen Freund
... er besaß das schönste Haus in der Stadt, aber keiner wollte ihn besuchen (Abb. 4)
... er war der reichste und auch der einsamste Mensch in der ganzen Stadt
    (Tuch wird ganz über Zachäus geworfen)

Folgende Stichpunkte waren uns bei der anschließenden Erzählung wichtig:

– Eines Tages hört er viele Leute
– Er hat bereits viel von Jesus gehört
– Ist er wirklich für alle Menschen, auch für die Zöllner da?
– Zachäus ist zu klein und traut sich nicht zu Jesus zu gehen
– Er klettert auf einen Baum *(Tuch läßt die Augen frei: Abb. 4)*
– Er achtet nicht auf die Leute
– Jesus spricht ihn an *(das schwarze Tuch wird ganz herunter genommen: Abb. 1)*
– Zachäus führt Jesus in sein Haus
– Leute ärgern sich
– Zachäus ändert sich, gehört dazu

Die Kinder gehen wieder zurück auf ihren Platz bei den Eltern.

Lied:
»Wir fangen an fröhlich zu sein, wir dürfen von Herzen uns
freun, denn Gott sagt ja zu Dir...« (siehe Liedersammlung Nr. 25)
(2x singen)

Weiterführung:

Gott sagt ja zu uns, so wie wir sind. Gott will nicht, daß jemand ausgeschlossen ist. Es ist schön, wenn wir alle eine Gemeinschaft sind. Wenn wir einander sehen können und wissen, wie es uns geht. Und wenn wir merken, daß irgendwo jemand ausgeschlossen wird, da können wir zusammenhelfen, damit das nicht passiert.

Das schwarze Tuch wird an einzelnen Stellen bei verschiedenen Familien hingehalten und will »hochwachsen«. Mit Hilfe der Nachbarn und der Betroffenen wird es wieder heruntergedrückt oder kann gar nicht erst hochkommen.

Helft mir, daß das Tuch nicht mehr hochwachsen kann.

Laßt es nicht so weit kommen, daß jemand ausgeschlossen wird.

Da müssen alle Kinder und Erwachsenen ganz fest aufpassen.

Gott hat uns alle lieb und will nicht, daß jemand ausgeschlossen wird.

Gott sagt ja zu uns, so wie wir sind.

Gebet:

> Guter Gott,
> schenke uns Augen, die sehen,
> wie jemand hinter einem Tuch steht und ausgeschlossen ist;
> schenke uns auch Augen,
> die sehen, wo wir uns selber ausgrenzen.
> Guter Gott, schenke uns Hände,
> die das Tuch herunterreißen und unter halten:
> hilf uns, den Ausgeschlossenen, Angefeindeten und Verspotteten die Hand zu reichen.
> Guter Gott, gib uns Mut, anders zu sein, als andere uns haben wollen.
> Amen.

Wenn die Gebetsglocke läutet, beten wir gemeinsam das

Vater unser

Segenslied:

»Herr, wir bitten: Komm und segne uns...« (mit Bewegungen, siehe Liedersammlung Nr. 12)

Verabschiedung und Einladung zum nächsten Mini-Gottesdienst

Ein Korn fällt in die Erde

Thema:
Das Gleichnis vom Sämann
(Matthäus 13, 4-9)

Hauptelemente:
- Betrachten und Erfühlen eines Getreidekorns
- Anspiel: die Geschichte vom Korn
- Aktion: Weizenkörner werden ausgesät

Vorbereitung:
(lassen Sie sich von der umfangreichen Beschreibung nicht abschrecken! Vielleicht haben Sie auch einfachere Ideen – nur Mut!)
- drei Körner für das Spiel herstellen: In Kleister getauchtes, gelbes Transparentpapier wird zusammengeknüllt und zu einem großen Korn geformt.

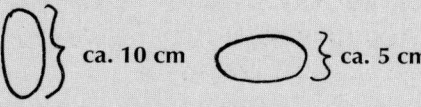

Eines der Körner wird so geformt, daß eine Mulde bleibt.

 Querschnitt

In die Mulde wird ein ca. 30 cm langer grüner Pfeifenputzer (als Trieb) geklebt.

Klebefilm oder Klebstoff

ein paar Wollfäden (als Wurzeln) werden mit einem Klebefilm befestigt

Bühne von vorne

Der Pfeifenputzer wird im Zickzack geknickt und in die Mulde gelegt, und kann so langsam wachsen:

Das Korn bekommt außerdem einen Bindfaden, damit es in die Erde fallen kann.
- Eine Art »Bühne« vorbereiten, an der ein braunes Tuch (als Erde) angebracht wird:

Bühne von hinten (mit Papphockern gebaut):

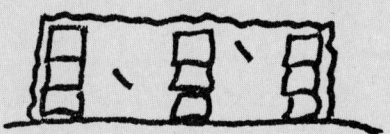

Schlitze für Maulwurf und Regenwurm

- Weizen in Abstand von jeweils einer Woche aussäen, beginnend vier Wochen vor dem Mini-Gottesdienst-Termin (zur Demonstration, wie das Getreide wächst)

außerdem bereitlegen:
- Rabe als Handpuppe
- Maulwurf als Handpuppe oder Kuscheltier
- Regenwurm als Handpuppe
- Steine, Wurzel
- Weizenkörner
- mit Erde gefüllte Tontöpfchen für das Säen des Weizenkorns (zum Mitnehmen)
- in diesen Tontöpfchen wurden ca. 5 Tage vorher von uns schon ein paar Getreidekörner gesät, damit diese zum Gottesdienst bereits keimten;

Begrüßung:
Hallo, liebe Kinder, hallo, liebe Erwachsene. Herzlich willkommen in unserem Mini-Gottesdienst. Wir freuen uns, daß wir wieder eine so schöne Runde vor dem Altar sind. Ich wünsche uns allen einen schönen Gottesdienst.
Wir fangen an mit unserem

Lied:
»Daß Gott sich daran freut ...« (mit Bewegungen, siehe Liedersammlung Nr. 3)
Lied und Bewegungen dazu erklären, alle auffordern aufzustehen

Gebet:
Guter Gott,
wir sind wieder mit anderen Kindern und Erwachsenen in die Kirche gekommen.
Wir wollen miteinander Gottesdienst feiern.
Laß uns die Gemeinschaft spüren,
und sei Du ganz nahe, mitten unter uns.
Amen.

Hinführung.
So, ich möchte nun etwas austeilen – nehmt es in die Hand, schaut es an und spürt, wie es sich anfühlt.
Jedes Kind und jeder Erwachsene bekommt ein Weizenkorn in die Hand.
Das ist ein Korn, ein Weizenkorn.
Im Gespräch sammeln:
Das Korn ist winzig klein, ganz hart;
was kann das schon sein bzw. werden?
wir können es gleich wieder wegwerfen – oder doch nicht?

Wir laden euch ein, zu sehen, was mit diesem Korn passieren kann. Wir haben dazu ein Spiel vorbereitet.
Das Korn behaltet ihr bitte in der Hand – ihr braucht es später noch.

Anspiel zu Matthäus 13, 4-9 (Das Gleichnis vom Sämann)
Wir haben in der Bibel eine Geschichte über das Korn gefunden – es ist das Gleichnis vom Sämann. Zu diesem Gleichnis haben wir folgende Geschichte erfunden:

Erzähler: Ich habe hier drei Körner. Wir wollen mal sehen, was mit dem einen Korn passiert, wenn wir es hier auf die *Steine* legen ... *warten* ... es passiert gar nichts.

Wir wollen mal sehen, was mit dem Korn passiert, wenn wir es hier auf den *Weg* legen ... *warten* ... ein Rabe kommt.

Rabe: Oh, ich habe solchen Hunger, mir tut mein Bauch schon weh. Ah, hm, ein Korn. Ich habe ein Korn gefunden. Er pickt es auf.

Erzähler: Wir wollen mal sehen, was mit dem Korn passiert, wenn es auf die Erde fällt: *Das Korn mit dem Pfeifenputzer wird an einem Faden vor dem Erdentuch heruntergelassen*

Korn: Oh, ich rutsche in die Erde – hier ist es aber dunkel.
Stimme: Du brauchst keine Angst zu haben, es ist gut da wo du jetzt bist,
Korn: Na ja, dann kann ich mich ein bißchen ausruhen.

Erzähler: Und das Korn ruhte sich ein paar Tage aus.
Einmal schien die Sonne und einmal regnete es, so daß es das Korn abwechselnd warm und naß hatte. Nach einigen Tagen bemerkte das Korn plötzlich eine Veränderung mit sich:
Korn: Nanu, was ist denn das? Meine Schale wird mir zu eng. Ich habe das Gefühl ich platze.
Stimme: Du brauchst dich nicht zu fürchten. Es ist gut was jetzt passiert.
Erzähler: Das Korn bekam ein paar kleine zarte Wurzeln.
Klebefilm lösen und Wurzeln zeigen
Korn: Oh, was ist denn das – ich bekomme Wurzeln, na so was.
Aber jetzt kann ich ja nie mehr von hier fort.
Stimme: Hab' Vertrauen, daß es gut so ist, wie es ist.

Korn: Ich spüre schon wieder etwas. Bei mir will noch etwas wachsen. Wo soll es denn jetzt schon wieder hingehen? Aha, diesmal nach oben.
Erzähler: Das Korn bekam einen Trieb, der nach oben wuchs.
Erzähler löst Klebefilm und biegt den Pfeifenputzer ein Stück nach oben
Korn: Ach ja, das ist gut, dann komme ich wieder zur Sonne.
Ich wachse, juhu, ich strecke mich zur Sonne.
Regen-
wurm: Oh, du darfst nicht nach oben wachsen! Wenn du in der Sonne bist wird sie dich verbrennen und austrocknen. Bleib lieber hier in der Erde.
Korn: Aber ich kann gar nichts dafür – ich wachse immer weiter.
Maul
wurf: Nein, geh' nicht weiter nach oben, da ist alles so hell und grell! Du wirst dir deine Augen verderben. Bleib lieber hier in der Erde bei uns.
Korn: Oh, was soll ich denn tun? Ich habe Angst!

Stimme: Hab' keine Angst! Es ist gut, daß du wächst. Es ist gut, so wie es ist.

Erzähler: Das Korn wächst weiter und weiter. *Erzähler zieht den Pfeifenputzer immer ein Stück weiter nach oben.*

Es bekommt einen kräftigen, grünen Halm und eine große Ähre. Es ist ein Weizenhalm und es sieht, daß es nicht alleine ist *(angepflanztes Saatgut zeigen).* Das Weizenkorn ist sehr glücklich über das, was aus ihm geworden ist. Es war alles gut, so wie es war.

Lied:

»Wer sich auf Gott verläßt, auf Gott den Herrn allein
der ist wie ein Korn, das aufgeht und wächst,
so wird er gesegnet sein.« (siehe Liedersammlung Nr. 24)

Das Lied kann mit Bewegung gesungen werden:
1 x singen und mit den Füßen stampfen, wie die Wurzeln, die in die Erde wachsen;
1 x singen und Arme in die Höhe wachsen lassen wie das Getreide;
1 x singen und Arme, ausgestreckt nach oben, hin und her bewegen, wie das Getreide, das vom Wind bewegt wird.

Wort an die Erwachsenen:

In unserer Vorbereitungsrunde haben wir viel über dieses Korn nachgedacht und dabei wurden uns folgende drei Dinge wichtig:

Erstens: »Wer sich auf Gott verläßt ...« heißt es in unserem Lied ...
Auf was verlassen wir uns in unserem Alltag? Ist es wirklich Gott? Ist es nicht eher das regelmäßige Einkommen? Ist es nicht auch das, was uns unsere Mitmenschen oder gar die Werbung vorgeben?
Wir verlassen uns auf Bücher mit erfolgreichen Erziehungsmethoden und auf die Anweisungen des Arztes, wenn unser Kind krank ist. Es gibt viel, auf das wir uns verlassen müssen. Und für unseren Alltag ist es wichtig zu wissen: wir dürfen uns auch auf Gott verlassen.

Zweitens: Dieses Korn – feste Schale, weicher Kern.
Wir dürfen, wie das Korn, aus uns herausgehen, die Schale sprengen, damit auch etwas anderes, vielleicht Weiches und Verletzbares zum Vorschein kommt. Wir dürfen das wagen. Wir werden Früchte bringen und ernten!

Drittens: Wir wollen an das Bild erinnern, wo aus einem Samenkorn Unkraut wächst: der Löwenzahn wächst aus dem Samenkorn und sprengt die Teerdecke am Straßenrand oder auf dem Gehweg. Dieses mutmachende Bild, das uns daran erinnert, was alles aus ganz kleinen Dingen entstehen kann, möchten wir gerne in die Familien geben – gerade Eltern im Blick auf ihre Kinder.

Aktion:

So wertvoll ist das Korn also, das wir in der Hand halten. Ihr habt es jetzt die ganze Zeit über gehalten und beschützt, und jetzt darf es in die Erde.

Ihr bekommt ein kleines Blumentöpfchen mit Erde und da steckt ihr das Weizenkorn hinein. In den Töpfen sind schon Körner, die keimen, dh. die ein kleines bißchen anfangen zu wachsen – schaut mal...

Blumentöpfe verteilen

Zuhause müßt ihr es gießen (wie der Regen) und ans Licht stellen, damit es weiter wachsen kann.

Vielleicht wollt ihr auch noch andere Samenkörner mit euren Eltern einpflanzen – im Topf, oder im Garten ...

Gebet:

> Guter Gott,
> Du läßt das kleine Korn wachsen.
> Das ist etwas Wunderbares.
> Wir Kinder sind auch klein und wir wachsen jeden Tag ein Stück.
> Hab' Dank dafür.
> Wir Erwachsenen haben auch die Möglichkeit,
> uns weiter zu entwickeln, zu wachsen, immer wieder neu.
> Hab' Dank dafür.
> Amen.

Vater unser

Wir beten gemeinsam das Vater unser.

Segenslied:

»Herr, wir bitten: Komm und segne uns...« (mit Bewegungen, siehe Liedersammlung Nr. 12)

Einladung zum nächsten Mini-Gottesdienst und Verabschiedung

Der barmherzige Samariter

Thema:
Der barmherzige Samariter hilft seinem Nächsten; wer ist mein Nächster? Gott will, daß ich meinem Nächsten helfe;

Hauptelemente:
- Geschichte vom barmherzigen Samariter (Lukas 10,25-37) mit Hilfe von Dias (Kees de Kort) erzählt;
- Lied: »Herr gib du uns Augen, die den Nächsten seh'n, ...«
- Mullbinden als Symbol: wir sollen Helfer sein

Vorbereitung:
- Dia-Serie besorgen (siehe Anhang)
- Lichtverhältnisse für den Dia-Projektor in der Kirche ausprobieren (auch bei gutem Wetter)

außerdem bereitlegen:
- Dia-Projektor (ggf. mit Verlängerungskabel)
- Leinwand (vielleicht ist auch eine helle Wand in der Kirche brauchbar)
- kleine Mullbinden (gibt es auch ohne Zellophan-Verpackung)

Begrüßung

Lied:
»Heut ist ein Tag, an dem ich singen kann...« (siehe Liedersammlung Nr. 13)

Gebet:
   Lieber Gott, wir danken Dir für diesen Sonntagmorgen.
   Du hast uns in Deine Kirche eingeladen –
   Es ist schön, daß wir gemeinsam, »Klein und Groß«,
   diesen Gottesdienst feiern können.
   Dafür sagen wir Dir Danke.
   Amen.

Lied als Hinführung zum Thema:
Im Gespräch mit den Kindern wird der Text des Liedes vorbereitet und erklärt/geklärt:

Als erstes geht es um unsere **Augen**: Wo sind Eure Augen? Da! Haltet mal die Augen zu – wir sehen nichts. Wenn wir unsere Augen aufmachen und uns umsehen, können wir vieles sehen. Was seht Ihr?
Kinder erzählen lassen... Prima!
Jetzt deutet mal auf Eure **Ohren**: Mit den Ohren können wir hören? Was könnt Ihr alles hören? Wenn jemand spricht, weint,singt ...
Kinder erzählen lassen ... Ja, gut!
Jetzt kommen die **Hände**. Wo sind Eure Hände? Streckt sie mal hoch in die Luft und winkt mir zu. Was können die Hände alles tun?
...Kinder erzählen lassen... Ja die Hände können viel tun!
So und jetzt steht mal auf! Ihr steht auf Euren **Füßen**. Wozu brauchen wir die Füße? Wo gehen wir hin?
... Kinder erzählen lassen... Sehr gut! Und von Augen, Ohren, Händen und Füßen handelt auch unser neues

Lied:
Der Text mit entsprechenden Bewegungen wird vorgestellt und die Melodie gelernt; (siehe Liedersammlung Nr. 11)

»1. Herr, gib du uns Augen, die den Nächsten seh'n,
          (Hände zunächst an die Augen führen, und dann an die Stirn halten, so, als wolle man in die Ferne blicken)

Ohren, die ihn hören und ihn auch versteh'n.
> *(Hände an die Ohren führen und dann hinter dem Ohr einen Schalltrichter mit der Hand bilden)*

2. Hände, die lernen, wie man hilft und heilt;
> *(Hände zeigen, den Nachbarn evtl. streicheln)*

Füße, die nicht zögern, wenn die Hilfe eilt.«
> *(auf der Stelle laufen)*

In unserer Geschichte heute geht es um einen Mann, der seinem Nächsten hilft.

Dia-Geschichte

(Diaserie »Der barmherzige Samariter« von Kees de Kort in Auswahl, Bezugsadresse siehe Anhang)

Einmal kam ein Mann, der sich gut in der Bibel auskannte, zu Jesus und fragte: »Sag mir, was will Gott von mir. Wie soll ich leben?«
Und Jesus sagte: »Du liest doch jeden Tag in der Bibel und weißt, was dort steht!«
»Ja dort steht, daß ich Gott lieben soll, und daß ich meinen Nächsten genauso liebhaben soll, wie mich selbst – – aber ich kann doch nicht alle Menschen lieben! Wer ist das – mein Nächster?!

Da erzählte ihm Jesus eine Geschichte: *(Dias)*
– Ein Mann macht eine Reise. Er kommt aus Jerusalem und möchte nach Jericho laufen. Alles, was er braucht, trägt sein Esel.
– Auf dem Weg überfallen ihn Räuber. Sie schlagen ihn und nehmen ihm alles weg: seinen Esel, sein Gepäck, seine Kleidung.
– Sie laufen fort und lassen ihn halbtot liegen. Er kann nicht mehr laufen. Und keiner ist da, der ihm hilft.
– Es laufen noch mehr Menschen auf diesem Weg: Ein Mann aus Jerusalem kommt. Er sieht den verletzten Menschen auf seinem Weg liegen und hört ihn um Hilfe rufen. Aber seine Augen wollen ihn nicht sehen, und seine Ohren wollen ihn nicht hören: Er schaut weg, er hört weg und geht an ihm vorbei.
– Noch ein Mann kommt aus Jerusalem. Er sieht den verletzten Menschen und hört ihn rufen. Aber auch dieser Mann schaut weg, hört weg und geht an ihm vorbei.
– Dann kommt ein Mann, den hier keiner kennt. Er ist ein Fremder, ein Samariter. Auch er sieht den verletzten Mann und hört sein Rufen. Und *er* achtet darauf, was seine Augen sehen und was seine Ohren hören: *Er bleibt stehen.* Er hat Mitleid.

- Er geht zu ihm. Er säubert seine Wunden und verbindet ihn. Dann hebt er ihn auf seinen Esel und macht sich mit ihm auf den Weg.
- Der Samariter bringt den Verletzten bis in das nächste Gasthaus.
- Er trägt ihn in das Haus und pflegt ihn.
- Am nächsten Morgen gibt der Samariter dem Wirt Geld und sagt: »Sorge gut für den Mann. Wenn es mehr kostet, zahle ich es, wenn ich zurückkomme.«

Als Jesus diese Geschichte erzählt hatte, sagte er zu dem Mann, der ihn gefragt hatte: »Du hast die Geschichte gehört – was meinst du, wer von den drei Männern war nun der Nächste für den, der überfallen wurde?«
Der Mann antwortete: »Natürlich der, der ihm geholfen hat!« Und Jesus sagte: »Mach *du* es genauso, wie dieser Mann!«
(Nach »Bibelbilderbuch – Band 4«, S. 82 – S. 114)

Lied:
»Herr, gib du uns Augen...« (siehe Liedersammlung Nr. 11)

Gespräch mit den Kindern:
(Um die Hauptaussage der Geschichte nochmals zu vertiefen)

Wo waren denn in der Geschichte Augen und Ohren, die den Verletzten gesehen und gehört haben?
Wo waren denn Hände und Füße, die dem Verletzten geholfen haben?
Sicher hat der Samariter auch zu dem Verletzten gesprochen und ihn getröstet, vielleicht hat er gesagt »es wird alles wieder gut«.

Mullbinde:
Jedes Kind bekommt heute von uns eine Mullbinde.
Ihr könnt damit eure Puppen oder Teddys verbinden – aber sie soll euch auch daran erinnern, daß wir als Helfer gebraucht werden – vielleicht im Kindergarten, in der Schule, oder auch zu Hause ... –
Gott will, daß wir unserem Nächsten helfen.

Lied:
»Herr, gib du uns Augen...« (siehe Liedersammlung Nr. 11)

Gebet:
> Lieber Gott,
> Du möchtest, daß wir sehen und hören,
> wenn wir gebraucht werden.
> Das ist gar nicht so leicht.
> Aber wir können es lernen,
> daß unsere Augen und Ohren wahrnehmen,
> wenn *wir* für jemanden der Nächste sein können.
> Wir bitten Dich, hilf uns dabei.
> Amen.

Vater unser

Segenslied:
»Herr, wir bitten: Komm und segne uns…« (mit Bewegungen, siehe Liedersammlung Nr. 12)

**Einladung zum nächsten Mini-Gottesdienst
und Verabschiedung**

alternativ

Wir haben die Geschichte vom barmherzigen Samariter auch mal als Rollenspiel vorgestellt. Da hatten die Kinder aber große Angst vor dem Räuber und die Kinder der Verletzten weinten… also raten wir von einem Rollenspiel unbedingt ab; eher bietet sich noch ein Spiel mit Stabpuppen an, wenn keine Dias verwendet werden sollen oder können.

Der gute Hirte

Thema:
Gott, unser guter Hirte

Hauptelement:
Gleichnis vom verlorenen Schaf
(Lukas 15,3-7)

Begrüßung:
Herzlich willkommen zum Mini-Gottesdienst mit dem Thema »Der gute Hirte«!
Wir fangen jetzt an mit dem Lied, das alle kennen:

Lied:
»Heut ist ein Tag, an dem ich singen kann...« (siehe Liedersammlung Nr. 13)

Einführung ins Thema:
Wenn wir mit der Familie im Auto unterwegs sind, fahren wir manchmal an Schafen
vorbei – plötzlich ruft dann z.B. ein Kind: »Mama schau mal, da sind Schafe«, und dann
sehen wir meistens viele Schafe auf einer Wiese.

Habt ihr das auch schon mal gesehen?
Wer ist dann bei der Schafherde noch dabei?
Ein Schäfer, zu dem kann man auch Hirte sagen, und ein oder zwei Hunde, die ihm helfen.

Der Schäfer zieht mit seiner Schafherde umher und führt die Tiere an Plätze, wo sie genug
Gras zu fressen und genug Wasser zu trinken finden.
Jeden Abend sucht der Hirte dann einen sicheren Ruheplatz für die Schafe.
Er kennt alle seine Tiere und er paßt auf, daß keines verloren geht.
Der Hirte schützt die Schafe vor Gefahren, wie z.B. wilden Tieren, oder daß sie nicht auf
eine Straße laufen, wo viele Autos fahren.
Wenn sich ein Schaf verletzt, dann kümmert er sich darum.

In der Bibel gibt es ein Lied, das heißt »Der Herr ist mein Hirte« – also Gott ist mein Hirte,
und aus diesem Lied, dem **Psalm 23**, möchte ich Euch jetzt vorlesen:

> »Der Herr ist mein Hirte, immer sorgt er für mich.
> Er bringt mich auf saftige Weiden,
> und am frischen Wasser läßt er mich ruhen.
> Er gibt mir neue Kraft.
> Er führt mich, damit ich nicht irregehe;
> auf ihn kann ich mich verlassen.
> Selbst wenn es durch finstere Schluchten geht,
> habe ich keine Angst;
> denn du, Herr, bist bei mir,
> du beschützt mich und führst mich.«
> (Aus Fischer u.a.: Gottesdienst im Urlaub, S.156)

Ja, wir brauchen keine Angst zu haben, weil Gott bei uns ist – und das können wir nun miteinander singen:

Lied: (*zweimal singen*)
»Ich bin bei euch alle Tage, seid nicht bang...« (siehe Liedersammlung Nr. 14)

Die Kinder werden eingeladen, auf die Teppiche vor dem Altar zu kommen.

Gleichnis vom verlorenen Schaf (Nach R. Schindler: Das verlorene Schaf)

In der Bibel stehen viele Geschichten, die Jesus den Menschen erzählt hat. Jesus wollte mit den Geschichten den Menschen etwas zeigen. Meistens wollte er ihnen etwas über Gott sagen. Er konnte ja kein Bild hinhalten und sagen: so sieht Gott aus. – Gott kann man nicht sehen. Aber mit Geschichten kann man zeigen, wie Gott ist.

Eine dieser Geschichten handelt von einem Hirten.
Davon will ich Euch erzählen:

Dieser Hirte wohnt in einem Land, weit entfernt von hier, in Palästina. Er hat hundert Schafe.
Jeden Sommer zieht er mit seiner Herde durch das Land und sucht Plätze, wo es etwas zu fressen und zu trinken gibt.
Immer wieder zählt er seine Schafe, um festzustellen, ob noch alle da sind. Wenn eines zurückbleibt, ruft er es, und wenn sich ein Schaf verletzt hat, pflegt es der Hirte, bis es wieder gesund ist. Er kennt die Namen aller Schafe und die Schafe kennen seine Stimme ganz genau.
Auch nachts paßt er auf, daß seinen Schafen nichts zustoßen kann: er sucht einen sicheren Platz – vielleicht eine Höhle oder einen Pferch, wo alle Platz haben. Dann macht er ein Feuer – das wärmt, und vertreibt die wilden Tiere. Der Hirte legt sich daneben. Aber er ist immer bereit, seine Schafe zu verteidigen. Sein Hund hilft ihm aufzupassen.

An einem Mittag, als die Schafe gerade trinken, zählt sie der Hirte wieder – er zählt nochmal und nochmal. Wirklich: ein Schaf fehlt! Er weiß auch ganz genau welches. Es ist eines von den Kleinen. Er ruft es laut bei seinem Namen, wieder und wieder. Aber das Schaf bleibt verschwunden.
Der Hirte muß das Schaf finden, bevor es dunkel wird. Darum treibt er die anderen 99 Schafe in eine Höhle. Er macht ein Feuer an und der Hirtenhund paßt auf sie auf. So sind sie sicher, wenn der Hirte losläuft, das verlorene Schaf zu suchen. Er läuft weit und ruft

immer wieder den Namen des kleinen Schafes. Er klettert sogar auf einen steilen Felsen, auf dem viele Dornensträucher wachsen. Er sucht und ruft.
Endlich hört er das Schaf blöken.
Es hat sich in einem dornigen Busch verfangen. Der Hirte biegt mit seinen starken Händen die Dornen auseinander und befreit das Schaf. Er nimmt es auf den Arm und streichelt es. Er ist froh, daß er es wiedergefunden hat und läuft mit ihm zur Herde zurück.
Mit dieser Geschichte hat Jesus den Menschen gesagt: So wie dieser Hirte mit seinem Schaf, so ist Gott mit uns Menschen. Der Hirte sucht jedes Schaf, das verloren geht. Gott schaut nach jedem Menschen. Er freut sich über jeden, den er findet. Auch wir gehören zu ihm und er sorgt für uns.

Die Kinder gehen zurück, auf ihre Plätze bei den Eltern.

Lied:
»Ich bin bei euch alle Tage, seid nicht bang...« (siehe Liedersammlung Nr. 14)

Gebet:
> Guter Gott,
> wir freuen uns, daß Du uns behüten willst
> und auf uns acht gibst,
> so wie sich ein Hirte um seine Schafe kümmert.
> Bei Dir sind wir geborgen – Danke.
> Bitte begleite uns in der kommenden Woche.
> Amen.

Vater unser

Segenslied:
»Herr, wir bitten: Komm und segne uns...«
(mit Bewegungen, siehe Liedersammlung
Nr. 12)

**Verabschiedung und Einladung
zum nächsten Mini-Gottesdienst**

alternativ

Wir haben diese Geschichte auch einmal mit Holzfiguren dargestellt und gespielt. Dsa verlorene Schaf hieß »Miri« und wurde von dem Hirten und den Kindern laut gerufen.

Themen

Ich bin getauft

Thema:
Tauferinnerung

Hauptelemente:
- Erzählung: »Laßt die Kinder kommen« (Markus 10, 13-16)
- Gestalten einer neuen Tauferinnerungskerze für den Taufstein

Vorbereitung:
- Wir hatten bei der Einladung darum gebeten, soweit vorhanden, die Taufkerzen zum Mini-Gottesdienst mitzubringen und dazu ermuntert, zu Hause schon Photos von den Tauffeiern der Familienmitglieder miteinander anzuschauen;
- Auf dem geschmückten Taufstein, der sich in der Mitte unseres Sitzkreises vor dem Altar befindet, stand die gefüllte Taufkanne;
- Für die Aktion »Gestalten einer neuen Tauferinnerungskerze« wurden Wassertropfen aus Wachs vorbereitet; und die Kerze schon mit dem Kreuzzeichen, A und Ω versehen; für Kinder, die keine Tauferinnerungskerze mitbringen, wurden kleine Osterkerzen bereitgelegt;

außerdem bereitlegen:
- Taufkleid
- Kerze mit Kreuzzeichen, A und Ω
- Wassertropfen aus Wachs
- kleine Osterkerzen (Bezugsquelle siehe Anhang)

Begrüßung:
Liebe Kinder, liebe Erwachsene,
herzlich willkommen zum Mini-Gottesdienst!
Alle, die heute ihre Tauferinnerungskerze dabei haben, können sie hier auf dem Altar abstellen. – Ihr bekommt sie später zurück.
Für Kinder, die keine Kerze dabei haben, haben wir schon solche *(Kerzen zeigen)* Kerzen bereitgelegt.
So und jetzt fangen wir an mit dem Lied »Heut ist ein Tag an dem ich singen – lachen – klatschen und flöten kann...«

Lied:
»Heut ist ein Tag, an dem ich singen kann...« (siehe Liedersammlung Nr. 13)

Einführung: Erinnerung ans Tauffest
Ein Taufkleid wird gezeigt

Viele von uns sind in einem solchen oder ähnlichen Taufkleid oder in einem Taufkissen zur Taufe in die Kirche getragen worden. Wahrscheinlich sind alle hier – die Kleinen und die Großen – irgendwann einmal getauft worden.
Darum gehören wir zu Gott und zu unserer Gemeinde.

Wir selbst haben keine Erinnerung an unsere eigene Taufe, weil wir da noch ganz klein waren.
Aber unsere Eltern, Paten und Großeltern und größere Geschwister können uns von unserem Tauftag erzählen. Und vielleicht gibt es auch ein paar Photos von diesem wichtigen Tag.

Die Taufe eines Kindes ist meist ein großes Familienfest: Die Eltern haben Verwandte und Freunde eingeladen, sie haben Paten für das Kind ausgesucht.
Alle haben sich festlich angezogen und vielleicht gab es ein schönes Festessen.
Die Familie hat ein Fest gefeiert, weil die Taufe etwas Schönes und Wichtiges in unserem Leben ist!

Gebet:
    Lieber himmlischer Vater.
    Wir danken Dir, daß Du uns in der Taufe angenommen hast
    – so wie wir sind – und daß Du uns lieb hast.
    Amen.

Lied:

»Wir sind getauft, wir gehören zusammen. Jeder gehört dazu, auch ich und du.«
(siehe Liedersammlung Nr. 26)

Was passiert bei einer Taufe?

Das fängt hier in unserer Kirche meist folgendermaßen an:

– Die Gemeinde ist hier versammelt, die Taufglocke läutet und die Tür wird weit geöffnet.
– Eltern und Paten bringen das Kind in die Kirche herein und werden dabei von den Kindergottesdienst – Kindern begleitet.
– Bei der Taufe wird das Kind über den Taufstein gehalten.
  (den Taufstein zeigen)
– Der Pfarrer gießt dem Kind dreimal Wasser über den Kopf. Er nennt den Namen des Kindes und spricht:
  »Ich taufe dich im Namen des Vaters und des Sohnes und des Heiligen Geistes«. *(Dabei aus der Taufkanne dreimal Wasser gießen)*
– Eltern und Paten versprechen bei der Taufe, das Kind christlich zu erziehen, dh. das Kind soll lernen, mit Gott zu leben.
  Und die Gemeinde soll Eltern und Paten dabei unterstützen.

Lied:

»Wir sind getauft, wir gehören zusammen...« (Strophe 1; siehe Liedersammlung Nr. 26)

Taufbefehl

Eltern bringen ihr Kind zur Kirche, weil sie möchten, daß es getauft wird – Jesus hat auch gewollt, daß wir getauft werden, wir können es in jeder Bibel nachlesen:

Jesus hat zu seinen Jüngern gesagt:
Geht zu allen Menschen. Erzählt ihnen von mir.
Tauft sie auf den Namen des Vaters,
des Sohnes und des Heiligen Geistes.
Helft ihnen, mir zu vertrauen.
Habt dabei keine Angst,
ich bin immer bei Euch.
(Matthäus 28, 18-20)

Lied:

»Wir sind getauft und Gott kennt unsere Namen.
Er hat uns alle lieb, auch dich und mich.« (Strophe 4; siehe Liedersammlung Nr. 26)

Erzählung: Jesus liebt die Kinder

Gott hat uns lieb, mich und dich und dich ... In der Bibel gibt es eine Geschichte, die häufig in einem Taufgottesdienst erzählt wird. Diese Geschichte möchte ich euch jetzt erzählen und ihr könnt dazu nach vorne kommen.

Jesus will allen Menschen von Gott erzählen. Er geht von Ort zu Ort. Und immer wenn er in ein Dorf oder in eine Stadt kommt, laufen die Leute zu ihm hin und wollen hören, was er sagt. Diesmal kommen viele Mütter und Väter mit ihren Kindern zu Jesus. Eine Frau trägt ihr Kind auf dem Arm und eines führt sie an der Hand. Eine Familie läuft ganz schnell zu Jesus und ruft: Wir wollen zu Jesus. Er soll unsere Kinder segnen. Jesus soll unseren Kindern die Hand auf den Kopf legen und sie sollen spüren, daß Jesus sie lieb hat. Doch da rufen die Freunde von Jesus: Halt, halt, was sollen denn die Kinder bei Jesus? Kinder können doch noch gar nicht verstehen was Jesus sagt. Kinder sind zu klein. Geht wieder nach Hause.
Da sind die Kinder und die Eltern traurig, weil sie nicht zu Jesus dürfen.
Doch Jesus hat alles gehört und er sagt zu seinen Freunden: Laßt die Kinder zu mir kommen. Auch die Kleinsten gehören zu Gott. Schaut, wie sie sich freuen. Nehmt Euch ein Beispiel an ihnen. Und Jesus geht zu den Kindern und redet mit ihnen. Dann legt er die Hände auf ihren Kopf und segnet sie.
Die Kinder spüren: Jesus hat uns lieb. Wir gehören zu Gott.
(Nach Markus 10, 13-16)

Die Kinder gehen zurück auf die Plätze bei ihren Eltern.

Lied:

»Wir sind getauft, wir gehören zusammen...«(Strophe 1 und 4; siehe Liedersammlung Nr. 26)

Aktion Tauferinnerungskerze
Es gibt viele Möglichkeiten und Gelegenheiten, an unsere Taufe zu denken.

Als Zeichen für unsere Tauferinnerung haben wir eine Kerze mitgebracht. Die brennende Kerze soll in jedem Mini-Gottesdienst auf dem Taufstein stehen und uns daran erinnern, daß Gott uns annimmt und lieb hat.
Diese Kerze soll jetzt noch von jedem von uns ein Erinnerungzeichen bekommen: weil wir alle mit Wasser getauft worden sind, klebt jeder, die Kinder und die Erwachsenen einen Wassertropfen auf die Kerze. Ich habe solche Wassertropfen aus Wachs mitgebracht. *(Die Kerze wird reihum mit den Wassertropfen verziert.)*

Entzünden der Tauferinnerungskerze

Unsere Kerze ist jetzt fertig. Ich werde sie an der Osterkerze anzünden, denn die Osterkerze brennt auch bei jeder Taufe in unserer Gemeinde; –
und nun könnt ihr alle vom Altar eure Tauferinnerungskerzen holen und nacheinander an unserer großen Osterkerze anzünden.

Alle zünden nacheinander (eventuell mit Hilfe) ihre eigenen Tauferinnerungskerzen (oder eine vorbereitete Kerze) an.

Lied:

»Wir sind getauft, wir gehören zusammen...« (Strophe 1 und 4; s. Liedersammlung Nr. 26)
Die große Tauferinnerungskerze findet jetzt ihren Platz auf dem Taufstein und die anderen Kerzen pusten wir nun wieder vorsichtig aus und legen sie zur Seite (unter den Stuhl).

Gebet:

Laßt uns nun beten:
Guter Gott,
durch die Taufe gehören wir zu Dir.
Wir bitten Dich, halte uns fest in Deiner Hand.
Laß uns als Familien gut zusammenleben
und zeige uns als Eltern, Paten und Gemeinde,
wie wir unseren Kindern liebevoll beim Großwerden helfen können.
Amen.

Vater unser

Segenslied:

»Herr, wir bitten: Komm und segne uns...« (mit Bewegungen; siehe Liedersammlung Nr. 12)

Einladung zum nächsten Mini-Gottesdienst und Verabschiedung

Nachwort:

Dieser Mini-Gottesdienst besteht aus sehr vielen Elementen und wird dadurch auch länger, als die gewohnten 30 Minuten.
Die Tauferinnerung ist für die Mini-Gottesdienstarbeit ein elementares Thema und kann deshalb mit den Familien sehr ausführlich erlebt werden und sollte eigentlich öfter (z.B. einmal jährlich) Inhalt eines Mini-Gottesdienstes sein!

Es muß nicht jedesmal alles vorkommen!!
Beispielsweise könnte in unserem Entwurf das Mitbringen der eigenen Taufkerzen gut
für einen späteren Tauferinnerungsgottesdienst aufgehoben werden.

*Anregung –
zur Nachahmung
empfohlen!*

Dieser Mini-Gottesdienst war An-
stoß für die Kirchengemeinde, folgende Idee aufzugreifen:

Kinder werden bis zum Konfirman-
den- oder Firmalter von der Kirchengemeinde jeweils am Tauftag
mit einer Karte (altersgemäßer
Spruch oder Liedvers, Einladung zu
den altersspezifischen Gruppen und
Aktivitäten der Kirchengemeinde)
gegrüßt.
Die ersten drei Jahre wird jeweils
am Tauftag ein ausführlicher Eltern-
brief, der sich inhaltlich mit religiö-
ser Erziehung befaßt, verschickt.
(Bezugsquelle: Evang. Werbedienst, Mittelstr. 11, Stuttgart).

Glocken laden ein

Thema:
Glocken und ihre Funktion

Hauptelemente:
- Verschiedene Glocken erleben
- Informationen über die Glocken und ihre Funktion

Vorbereitung:
In unserer Gemeinde gibt es zusätzlich zu den Glocken im Kirchturm zwei weitere, »ausgediente« Glocken; eine Glocke findet bei Gemeindeveranstaltungen als »mobile« Glocke Verwendung, indem sie am Frontlader eines Traktors hängend, mittels eines Seils geläutet werden kann; die andere Glocke ist in der Kirche ausgestellt;
Wir stellten die zweite Glocke in die Mitte des Altarraumes zum Anschauen und Anfühlen und organisierten, daß sich die »mobile« Glocke vor dem Kircheneingang befand und von den Gottesdienstbesuchern vor und nach dem Gottesdienst geläutet werden konnte; außerdem hatten wir verschiedene kleinere Glocken und Glöckchen als Anschauungsstücke bereitgelegt;

Begrüßung:
Liebe Kinder, liebe Erwachsene!
Ich begrüße euch heute ganz herzlich zum Mini-Gottesdienst.
Habt ihr gemerkt – die Glocken haben aufgehört zu läuten und jetzt fangen wir an.
Und zwar singen wir erst einmal das

Lied:
»Heut ist ein Tag, an dem ich singen kann...« (siehe Liedersammlung Nr. 13)

Gebet:
> Laßt uns nun beten:
> Herr Jesus, wir haben die Glocken läuten hören.
> Die Glocken haben uns zum Gottesdienst gerufen.
> Es ist schön, mit anderen Kindern, Geschwistern,
> Eltern und Großeltern hier zusammen zu sein.
> Ich freue mich, daß ich viele kenne.
> Herr Jesus, bitte sei Du auch mit bei uns.
> Amen.

Einführung ins Thema:
Anfangs haben wir gehört, wie die Glocken läuten – wo sind denn diese Glocken?
– Sie hängen oben im Kirchturm.

Wir haben hierher eine kleinere, alte Glocke gestellt, die früher auch einmal im Kirchturm hing:
(Die Kinder ermuntern, die Glocke anzuschauen, zu befühlen, daran zu klopfen.)

Wie läutet eine Glocke?
Ein Klöppel schlägt an *(Anschauungsstücke herumgeben).*
Kleine Glocken können wir in die Hand nehmen und damit läuten.

Große Glocken hängen oben im Kirchturm und diese Glocken wurden früher mit Hilfe eines Seiles geläutet. An der Glocke war das Seil festgebunden und, wenn man unten daran zog, bewegte sich die Glocke und läutete.
Heute geht das Läuten elektrisch, mit Hilfe eines Motors. Hier unten wird auf einen Schalter gedrückt, so wie auf einen Lichtschalter, der Motor bewegt dann die Glocke und es läutet. Das Läuten der Glocken gehört zu den Aufgaben unseres Mesners.

Lied:
»Es läuten alle Glocken, sie läuten nah und fern,
sie rufen uns zur Kirche, wir Kinder kommen gern.
Gott liebt die Kinder, er lädt uns alle ein ...« (siehe Liedersammlung Nr. 6)
Die Kinder werden eingeladen, nach vorne auf die Teppiche vor dem Altar zu kommen.

Hauptteil: Glocken laden ein
(Die folgenden Ausführungen stellen eine Auswahl vor.)
Auch heute haben euch Glocken zum Mini-Gottesdienst eingeladen. Alle Glocken haben
geläutet. Das tun sie jedesmal, wenn sie zu einem Gottesdienst einladen.
Vor dem Gottesdienst der Großen läuten sie sogar zweimal zur Erinnerung. – Dann weiß
jeder, wieviel Zeit er noch hat, bevor er aus dem Haus gehen muß.
– Im Mini-Gottesdienst selbst läutet auch einmal eine Glocke. Das ist die Gebetsglocke,
   die der Mesner läutet, während wir das »Vater unser« beten.
– Viele von euch haben auch schon die Taufglocke gehört. Sie wird geläutet, wenn ein
   Kind von seinen Eltern zur Taufe gebracht wird. Bei uns in der Gemeinde kommen
   dann alle Kinder aus dem Kindergottesdienst vom Schulhaus herüber in die Kirche, um
   an der Taufe teilzunehmen.
– Und wenn jemand aus der Gemeinde gestorben ist, läutet die kleinste Glocke – die
   Totenglocke.
   Dann wissen alle: einer von uns ist gestorben.
   Zur Beerdigung laden dann wieder die Glocken ein.

Das Schöne an Glocken ist nicht nur, daß sie schön klingen – vor allen Dingen, wenn
viele Glocken gemeinsam läuten –, sondern auch, daß sie ihren Klang weit hinaustragen.
Weil sie ganz hoch oben im Kirchturm hängen, wird der Schall der Glocken über alle Dä-
cher und Bäume hinweggetragen – so daß sie sehr weit in der Umgebung zu hören sind.
Das ist auch gut so. Sonst könnten die Leute aus den umliegenden Straßen oder kleinen
Dörfern *(Ortsnamen nennen)* die Einladung der Glocken gar nicht hören.

Die Glocken laden aber nicht nur zu Gottesdiensten ein:
– Die Gebetsglocke läutet z.B. jeden Morgen, Mittag und Abend und lädt alle zum Gebet
   ein. Früher haben alle ihre Arbeit unterbrochen, um ein Gebet zu sprechen. Sicherlich
   machen das heute auch noch einige Leute.
– Und allen Leuten, die krank sind oder aus einem anderen Grund nicht in den
   Gottesdienst kommen können, erzählen die Glocken, daß z.B. gerade jetzt ein
   Gottesdienst stattfindet. Und wenn dann die Gebetsglocke läutet, wissen sie, daß genau
   jetzt das »Vater unser« gebetet wird. Und vielleicht mögen sie dann mitbeten und so
   auch daheim am Gottesdienst teilnehmen.

– Und schließlich: am häufigsten hört man Glocken, die weder zum Gottesdienst noch zum Gebet einladen: dann, wenn sie uns die Zeit ansagen. Da weiß jeder, auch draußen auf dem Feld, wie spät es gerade ist.
Bei diesem Stundenschlag werden die Glocken aber nicht geläutet, sondern einzelne Glocken von außen angeschlagen.

Die Glocken haben der Gemeinde ganz schön viel zu sagen!

Aktion: Wir sind selber Glocken (singen und bewegen)
Die Väter sind die tiefsten Glocken. Sie schwingen langsam hin und her.
(mit dem ganzen Körper)

bom – bom – bom –

Die Mütter-Glocken haben eine mittlere Tonhöhe. Sie schwingen schon etwas schneller.
(mit dem Arm schwingen)

bam – bam – bam – bam – bam – bam –

Zum Schluß sind die Kinder dran. Sie sind die kleinsten Glocken und bimmeln ganz hoch und schnell. *(mit den Händen)*

bim – bim – bim – bim – bim – bim – bim – bim – bim –

(mit der Mitarbeiterin in der Mitte als »Verstärkung«)

Vielleicht gibt es zwischendrin noch Großeltern-/Paten-Glocken?
Zusammen sind wir ein schönes Geläut! *(Töne aufeinander abstimmen)*

Die Kinder gehen zu ihren Eltern zurück.

Gebet:

Lieber himmlischer Vater!
Wir werden so oft durch das Läuten der Glocken eingeladen:
zum Gebet, zum Nachdenken und zum Gottesdienst.
Die Glocken sind so laut, daß wir sie immer und überall hören können.
Sie laden uns alle ein – die Großen und die Kleinen. Das ist schön.
Laß uns diese Einladung gerne annehmen.
Amen.

Und nun laßt uns miteinander das »Vater unser« beten. Doch vorher kann man sehen: Unser Mesner drückt dort hinten auf einen Schalter – gleich läutet die Glocke und die Menschen, die jetzt das Läuten hören, wissen: Aha, im Mini-Gottesdienst beten sie jetzt das »Vater unser«.

Vater unser

Segenslied:
»Herr, wir bitten:
Komm und segne uns...«
(mit Bewegungen; siehe
Liedersammlung Nr. 12)

**Einladung zum nächsten
Mini-Gottesdienst und
Verabschiedung**

Schön, daß ich da bin – schön, daß Du da bist

Thema:
Bewußt wahrnehmen: es gibt mich, andere Menschen und Gott; und erkennen, daß es so schön bzw. gut ist;

Hauptelemente:
Alle Sinne ansprechen und spüren, daß wir da sind;
mit Hilfe eines Aktions-Liedes anderen Menschen zeigen: schön, daß wir da sind;
mit einem Lied Gott sagen, wie gut es ist, daß er für uns da ist;

Begrüßung:
Liebe Kinder, liebe Erwachsene,
herzlich willkommen zum Mini-Gottesdienst!
Schön, daß ihr alle da seid!
Wir fangen an mit dem Lied »Heut ist ein Tag, an dem ich singen – lachen – klatschen
– flöten kann«:

Lied:
»Heut ist ein Tag, an dem ich singen kann...«
(siehe Liedersammlung Nr. 13)

Einführung ins Thema: Ich bin da – schön, daß ich da bin
Jeder von uns, ob klein ob groß, ist heute morgen aufgewacht und hat gemerkt: **jetzt bin
ich wach, ich bin da;**
– wir haben etwas **gehört** –
   vielleicht hat jemand zu uns gesprochen, oder ein Wecker hat gepiepst ...
– wir haben die Augen geöffnet und alles um uns herum *gesehen;*
– wir haben vielleicht **gespürt,** daß es schön warm und kuschelig im Bett ist und uns
   gereckt und gestreckt und gegähnt;
   irgendwann sind wir dann aufgestanden.

Und jetzt sind wir hier in der Kirche:
das kann jeder von uns **sehen** *(mit einer Handbewegung die Kirche rundum zeigen)* und
es kann jeder von uns **hören,** z.B. als vorhin die Glocken läuteten, oder wenn ich hier
spreche; jeder von uns kann **spüren,** wie er sitzt – ob hart oder weich – ob die Füße am
Boden stehen oder die Beine in der Luft schaukeln;
jeder kann spüren, ob es hier warm oder kalt ist.
Wir sind hier.
Ich finde: Es ist schön, daß wir da sind.

Gebet:
   Lieber Vater im Himmel.
   Es ist schön, daß wir alle hier in der Kirche sind,
   um zusammen diesen Mini-Gottesdienst zu feiern.
   Und es ist schön, daß Du bei uns bist.
   Dafür danken wir Dir.
   Amen.

Lied:
»Hallo, hallo, schön, daß du da bist...« (siehe Liedersammlung Nr. 10)
Text und Melodie erlernen

Zwei Mütter haben sich Gedanken zum Thema gemacht –
Wort an die Erwachsenen zur Auswahl:

Wort an die Erwachsenen I:
Ich höre gerne, wenn jemand zu mir sagt: schön, daß du da bist – bestimmt hört das jeder
von uns gerne;
und eigentlich finde ich, müßte man es jeden Tag gesagt oder gezeigt bekommen.
Genauso oft müßte ich es auch meinen Kindern, meinem Partner, meinen Eltern und
Freunden sagen oder zeigen: schön, daß ihr da seid – ich freue mich über euch!
Da gibt es sicher viele Möglichkeiten.
Ich denke genauso wichtig für uns alle sind Lob und Anerkennung und mal ehrlich:
Ist nicht schneller getadelt und kritisiert als gelobt?

Wort an die Erwachsenen II:
Es geht mir oft so, wenn ich abends den Tag noch einmal in Gedanken an mir
vorüberziehen lasse, daß ich merke, ich habe wieder viel zu oft geschimpft, habe meinen
Kindern, meinem Mann gegenüber, meine Unzufriedenheit gezeigt.
Und die Situationen, Augenblicke, die wir gemeinsam erlebt haben, die schön waren, in
denen ich mich an dem anderen gefreut habe, sind zu dem Zeitpunkt nicht beachtet und
nicht ausgesprochen worden.
Dabei weiß ich selber, wie gut es tut, wenn ich weiß, daß sich jemand an mir freut.
Ich habe mir auch überlegt, wie das bei euch Kindern ist; ihr sagt uns Eltern, euren Geschwistern und Freunden ja auch sehr oft, wenn euch an uns, an ihnen etwas nicht paßt.
Aber mir fällt auf, daß Ihr auch gerne sagt, wenn euch etwas an jemandem gefällt. Einfach:
das war schön, es hat mir gut gefallen.
Und dann wünsche ich mir, daß ich wieder etwas mehr wie ein Kind sein kann, um mich
von meinen festen Vorstellungen vom Familienleben – wie es sein sollte, wie nicht – zu
lösen, um bereit zu sein, mich an meiner Familie einfach zu freuen, so, wie ich sie jetzt
erlebe und zeige, daß es schön ist, daß es sie gibt.

Haben Sie Mut,
eigene Gedanken
zu formulieren!

Lied mit Aktion:

»Hallo, hallo, schön, daß du da bist, hallo, hallo, ich freue mich so sehr.«

(Eine Mitarbeiterin geht auf ein Kind zu und schüttelt ihm die Hand.)

»die Hacken und die Spitzen, die woll'n nicht länger sitzen,
die Fersen und die Zehen, die wollen weiter gehen.«

(An entsprechender Stelle tippen die beiden mit Ferse / Hacke oder Spitze / Zehen auf; die beiden trennen sich, gehen auf neue Partner zu und das Lied beginnt von vorne, solange bis alle – Kinder und Erwachsene – einbezogen sind.)

Thema: Gott ist für uns da

Wir Christen können darauf vertrauen, daß Gott da ist,
daß er für uns da ist und uns begleitet.
Es ist schön, daß Gott da ist.
Darüber können wir uns freuen und Gott loben z.B. in einem Lied:

Lied:

»Daß Gott sich daran freut...« (mit Bewegungen; siehe Liedersammlung Nr. 3)

Gebet:

Lieber himmlischer Vater,
wir haben Dir gerade ein Lied gesungen,
um Dir zu zeigen, wie gut es ist,
daß Du immer für uns da bist.
Wir alle sind jeden Tag mit vielen Menschen zusammen,
vor allem mit unseren Eltern, Kindern, Großeltern und Freunden.
Es ist gut, daß wir alle füreinander da sind.
Laß uns dieses alltägliche Füreinander-da-sein nicht zur Selbstverständlichkeit werden, damit wir uns jeden Tag wieder neu an uns
und den anderen freuen können.
Amen.

Vater unser

Segenslied:

»Herr, wir bitten: Komm und segne uns...« (mit Bewegungen; siehe Liedersammlung Nr. 12)

Einladung zum nächsten Mini-Gottesdienst und Verabschiedung

Mit Kindern beten

Thema:
Mit Kindern beten

Hauptelemente:
– verschiedene Formen des Gebets (gesprochen, gesungen, getanzt) bewußt machen;
– Erzählung »Jesus lehrt beten« (Lukas 11,1-4 und Matthäus 6,8-13)

Vorbereitung:
– Wort an die Erwachsenen zum Mitgeben vervielfältigen
– Korb mit Instrumenten des kleinen Schlagwerks (Rasseln, Handtrommeln usw.) zusammenstellen

Begrüßung

Lied:
»Heut ist ein Tag, an dem ich singen kann...« (siehe Liedersammlung Nr. 13)

Gebet:
  Lieber Gott,
  wir sind heute morgen hier in die Kirche gekommen,
  um miteinander diesen Mini-Gottesdienst zu feiern.
  Wir wissen, daß auch Du bei uns bist und danken Dir dafür.
  Amen.

Hinführung zum Thema:
Folgende Gesichtspunkte zum Teil im **Gespräch mit den Kindern** zusammentragen:

Hände falten und zeigen – was mache ich jetzt?
Ich falte meine Hände;
das kann man einfach so tun, weil es Spaß macht,
aber viele Leute falten die Hände oder legen sie ineinander,
wenn sie beten möchten *(ausprobieren lassen)*;
dadurch halten wir unsere Hände still;
manche Leute schließen beim Beten auch ihre Augen, daß sie durch nichts abgelenkt werden;

Beten heißt ja, mit Gott sprechen und ihm alles sagen:
– Ich kann ihm sagen, was schön ist und worüber ich mich freue.
– Ich kann Gott sagen, wenn ich Angst habe und wenn ich Schutz und Hilfe brauche.
– Und ich kann Gott im Gebet danken.
Dabei kann ich ein Gebet sprechen, das ich auswendig kenne,
oder frei aussprechen, was ich Gott sagen möchte;

Wir haben eben miteinander im Mini-Gottesdienst gebetet –
wann kann man denn noch miteinander oder alleine beten?
Welche Gelegenheiten / Möglichkeiten fallen euch ein?
– vor dem Einschlafen
– vor oder nach dem Essen
– am Morgen, nach dem Aufwachen
– jederzeit

Jede Familie und jeder einzelne wird das anders machen.
Es gibt auch andere Möglichkeiten, zu Gott zu sprechen: zum Beispiel in einem Lied, oder mit einem Tanz.

Nun möchte ich euch noch einmal zu einem Gebet einladen – laßt uns beten:

Gebet:
> Guter Gott,
> wenn ich bete, will ich Dir ganz nahe sein
> und Du bist da und hörst mir zu.
> Wenn ich lache, wenn ich weine –
> Du bist da und hörst mir zu.
> Wenn ich fröhlich bin, wenn ich Angst habe –
> Du bist da und hörst mir zu.
> Es ist gut, daß Du immer für mich da bist.
> Es ist gut, daß Du immer Zeit für mich hast.
> Danke.
> Amen.

Tanz
Andere Formen von Gebet – Lied und Tanz:

Tanz um den Altar zum Lied »Laßt uns miteinader singen, beten, loben den Herrn ...«
(siehe Liedersammlung Nr. 19):
– /: Laßt uns miteinander :/ singen, beten, loben den Herrn.
  (im Kreis stehen, Handfassung)
– Laßt uns das gemeinsam tun, singen, beten, loben den Herrn
  (im Kreis gehen)
– singen, beten, loben den Herrn
  (stehen und klatschen)
– singen, beten, loben den Herrn
  (stehen und klatschen)
– singen, beten, loben den Herrn
  (sich um die eigene Achse drehen und klatschen)
– singen, beten, loben den Herrn
  (stehen und klatschen)

Mehrmals hintereinander singen und tanzen.

Hauptteil
Die Kinder werden eingeladen, auf die Teppiche vor den Altar zu kommen.

Die Bibel erzählt uns von Menschen, die gebetet haben. Ihnen ging es wie uns. Sie haben Gott **gedankt** – Beispiele: Eltern, Geschwister, Freunde, Gesundheit, Sonne und Regen ... Die Bibel erzählt uns von einer Frau (Mirjam), die vor Freude über Gottes Hilfe aufgestanden ist und getanzt hat; wie wir vorhin.
Die Bibel berichtet aber auch von Menschen, die Gott **um Hilfe gebeten** haben – Beispiele: Krankheit, Hunger, Einsamkeit, Krieg. Sie haben gesagt »Hilf uns Herr, wir wissen nicht mehr weiter – ohne Dich können wir nichts tun.«
Manchmal waren aber auch Zweifel und Unsicherheit da, über das, was wir beten sollen.

Den Jüngern Jesu ging es auch so und deshalb fragten sie Jesus, was sie beten sollen.
Jesus gab ihnen folgende Antwort:
Wenn ihr betet, so sprecht:
>   Unser Vater im Himmel!
>   Dein Name werde geheiligt. Dein Reich komme.
>   Dein Wille geschehe wie im Himmel so auf Erden.
>   Unser tägliches Brot gib uns heute.
>   Und vergib uns unsere Schuld,
>   wie auch wir vergeben unseren Schuldigern.
>   Und führe uns nicht in Versuchung,
>   sondern erlöse uns von dem Bösen.
>   [Denn dein ist das Reich und die Kraft
>   und die Herrlichkeit in Ewigkeit.]
>   Amen!
>   (Nach Lukas 11, 1-4)

Habt ihr es erkannt? Dieses Gebet kennen wir so ähnlich auch. In jedem Mini-Gottes-dienst nach dem Abschlußgebet, wenn die Gebetsglocke läutet, sprechen wir das »Vater unser«.
Wie Jesus dürfen wir zu Gott als unserem Vater beten. Er hört uns wie ein Vater.
Das »Vater unser« beten die Großen im Gottesdienst. **Alle Christen** auf der ganzen Welt kennen dieses Gebet, es gibt es in allen Sprachen.
Wir wollen jetzt zu Gott mit einem Loblied beten. Wir danken für die Möglichkeit, daß alle Menschen und Völker zu Gott beten können.

Die Kinder gehen zurück zu ihrem Platz bei den Erwachsenen.

Lied:
Mit Liedern und Musik können wir zu Gott sprechen, deshalb werden wir das folgende Lied mit Instumenten begleiten. *(Kinder bekommen Instumente des kleinen Schlagwerks, z.B. Rasseln, Handtrommeln, Schellenringe, in die Hand und begleiten den Gesang)*

»Lobet und preiset ihr Völker den Herrn...« (siehe Liedersammlung Nr. 20)
Das Lied wird drei- bis viermal gesungen.

Schlußgebet:
Laßt uns beten:
    Lieber himmlischer Vater,
    Danke, daß Du für uns da bist und uns ermutigst,
    alle guten und unguten Seiten unseres Lebens
    vor Dir zur Sprache zu bringen.
    Laß auch unsere Kinder diese Erfahrung machen.
    Wir wissen, Du nimmst uns unsere Verantwortung für unser eigenes Wohlergehen
    und das Mitsorgen für andere Menschen nicht ab.
    Gib uns Mut und Kraft im rechten Augenblick und in rechter Weise zu handeln.
    Amen.
    (Aus der Sicht der Erwachsenen)

oder *(Aus der Sicht der Kinder)*:
    Guter Gott,
    Dir können wir alles sagen.
    Das tut gut.
    Wir danken Dir dafür.
    Amen.

Vater unser

Segenslied:
»Herr, wir bitten: Komm und segne uns...« (mit Bewegungen; siehe Liedersammlung Nr. 12)

Hinweis auf ein schriftliches »Wort an die Erwachsenen«:
Zum Mitnehmen (siehe unten)

Einladung zum nächsten Mini-Gottesdienst und Verabschiedung

Wort an die Erwachsenen zum Mitgeben:

Liebe Erwachsene!

Bei der Vorbereitung zum Mini-Gottesdienst mit dem Schwerpunkt »Mit Kindern beten« ist uns persönlich folgendes wichtig geworden:
- Menschen haben dann eine Beziehung zueinander, wenn sie miteinander sprechen und ihre Erlebnisse, Gedanken und Gefühle einander mitteilen. Menschen erleben dann eine Beziehung zu Gott, wenn sie das eigene Leben mit allen guten und unguten Seiten vor ihm zur Sprache bringen, d.h. beten.
  Wir können uns Gott im Gebet anvertrauen, wie einem Freund.
- Kinder werden mit den Worten, die sie lernen, erwachsen; was wir dem Kind vorsagen, bleibt in ihm haften. Wir sollten deshalb nur solche Gebete wählen, die es in zehn oder zwanzig Jahren auch sprechen könnte, ohne sich kindisch vorzukommen.

- Einen Vers, der sich einprägt, können wir auch dann sprechen, wenn wir zu müde sind, um einen eigenen Gedanken in Worte zu fassen.
- Wesentlich ist, daß Eltern und Kinder ihren eigenen Rhythmus finden (in vielen Familien wird es das regelmäßige Abendgebet vor dem Zubettgehen sein, oder das Tischgebet ...)
- Gebet ist keine Garantie auf Wunscherfüllung
- Gott nimmmt uns unsere Verantwortung für das eigene Wohlergehen und das Mitsorgen für andere Menschen nicht ab
- Wir als Eltern können die Erfahrung machen, daß Beten mit Kindern auch uns Erwachsenen die Chance bietet, die eigene Beziehung zu Gott zu vertiefen.

(Anregungen zu diesem »Wort an die Erwachsenen« aus: Scharfenstein–Richter / Smith: Beten mit Kindern)

Wie ein Vogel im Nest

Thema:
Bei Gott sind wir geborgen, wie ein Vogel im Nest

Hauptelemente:
- Wir bauen gemeinsam ein Vogelnest;
- Kuschelaktion: die Kinder erleben Geborgenheit im Arm ihrer Eltern;

Vorbereitung:
- Vogelstimmen werden auf Cassette aufgenommen; (z.B. in der Natur oder von Schallplatte, siehe Anhang)

»Mitnchmsel« besorgen: Schallplatte mit Vogelstimmen in Umwelt-Kinderfibel (Bezugsadresse: Bayerisches Umweltministerium, München);
- Eine Feder aus dem Nest kann auch ein schönes Erinnerungsstück an diesen Gottesdienst sein

außerdem bereitlegen:
- Material für Nestbau: Zweige und Äste, Federn, Decke, Kuscheltiere;
- ein »echtes« Vogelnest;
- Cassettenrekorder und Verlängerungskabel;

Kinder und gegebenenfalls Erwachsene bekommen am Eingang bei der persönlichen Begrüßung kleine Zweige und Äste in die Hand.

Begrüßung:
Hallo liebe Kinder, hallo, liebe Erwachsene.
Herzlich willkommen im heutigen Mini-Gottesdienst.
Wir freuen uns, daß heute wieder in unsere Kirche gekommen sind:
die »großen Leut« und die »kleinen Leut«.
Wir wollen miteinander singen, beten, reden und hören.
Wir fangen an mit unserem

Lied:
»Daß Gott sich daran freut...« (mit Bewegungen; siehe Liedersammlung Nr. 3)
Wenn viele neue Kinder da sind, Lied nochmal erklären und bitten, die Zweige inzwischen kurz abzulegen, damit die Hände frei sind für die Bewegungen

Gebet:
Guter Gott, wir danken Dir,
daß wir heute aufgewacht sind
und bei unseren Eltern oder Oma und Opa sind.
Wir freuen uns,
daß wir hier mit vielen lieben Menschen gemeinsam Gottesdienst feiern dürfen.
Sei Du mitten unter uns.
Amen.

Einführung
Zum Teil im **Gespräch mit den Kindern** *herausstellen:*
Wer hat denn heute morgen beim Aufwachen draußen etwas gehört?
Hört einmal zu, was ich zur Zeit immer in der früh höre ...
(*Vogelstimmen auf Band*) Es gibt so viele Vögel unter dem Himmel.
Kennt ihr auch welche? Amseln, Spatzen, Tauben ...
Sie zwitschern und singen, pfeifen und piepsen.
All die Vögel, die wir von Sonnenaufgang bis Sonnenuntergang hören und sehen können, hat Gott geschaffen.
Dafür wollen wir Gott danken und ihn loben, mit dem

Lied:
»Vom Aufgang der Sonne...« (mit Bewegungen; siehe Liedersammlung Nr. 23)
Lied lernen und dann zweimal singen

Aktion für die Kinder:
Schaut einmal her, das ist ein Vogelnest. *(»Echtes« Nest zeigen)*
So ein Nest bauen die Vögel, sie legen ihre Eier hinein und wenn die kleinen Vögel ausgeschlüpft sind, werden sie von ihren Eltern hier im Nest beschützt und versorgt, bis sie auch fliegen können.
So ein Nest wollen wir jetzt auch bauen – nur viel größer.

Die Kinder (und Erwachsenen) werden eingeladen, ihre Zweige auf eine vorgeformte Decke zu einem Vogelnest zu legen. Anschließend kommen kuschelweiche Federn hinein, damit es die Vogelbabies ganz gemütlich, warm und weich haben.
Wenn das Nest fertiggebaut ist, legen wir ein paar Kuscheltiere (Vögel, Küken u.ä.) hinein.

So geborgen wie die Vögel im Nest, so geborgen können wir Menschen bei Gott sein.

Schaut, wie wunderbar dieses Vogelnest geworden ist. Könnt ihr euch vorstellen, wie geborgen die Vögel in ihren Nestern sind? Eure Mutter / Vater / Oma / Opa soll jetzt auch mal auf dem Schoß und mit den Armen so ein Nest für euch machen; kuschelt euch mal rein und schmiegt euch an – ja, so schön ist es in einem Nest.

So geborgen, wie die Vögel im Nest, so geborgen können wir Menschen bei Gott sein.

Wort an die Erwachsenen:
Es ist wichtig für unsere Kinder, daß wir ihnen Geborgenheit vermitteln. Dazu gehört, daß wir auch ihre Sorgen und Nöte ernst nehmen.
Es wäre schön, wenn wir für andere und für uns ein »Nest« schaffen könnten. Dafür ist es aber auch wichtig, daß wir unsere Sorgen und Freuden teilen können. Geteiltes Leid ist halbes Leid. Geteilte Freude ist doppelte Freude.
Auch Gott kann jemand sein, bei dem ich mich geborgen fühle, zu dem ich meine Sorgen und Freuden bringen kann.

Lied:
»Vom Aufgang der Sonne...« (mit Bewegungen; siehe Liedersammlung Nr. 23)
Eventuell im Kanon singen

alternativ:

Lied:
»Wer sich auf Gott verläßt, ist wie ein Vogelkind in dem Nest«
(siehe Liedersammlung Nr. 24)

Gebet:

Lieber himmlischer Vater,
wir danken Dir, daß wir bei Dir geborgen sein können,
so wie die kleinen Vögel in ihrem Nest.
Wir freuen uns, daß Du jeden von uns kennst und auf uns acht gibst.
Bitte begleite und behüte uns in der kommenden Woche.
Amen.

Vater unser

Segenslied:

»Herr, wir bitten: Komm und segne uns...« (mit Bewegungen; siehe Liedersammlung Nr. 12)

Abschluß:

Alle Kinder bekommen eine Kinder-Umweltfibel, in der die Schallplatte mit den Vogelstimmen ist oder eine Feder aus dem Vogelnest ... oder ...

Einladung zum nächsten Mini-Gottesdienst und Verabschiedung

Rote, Gelbe, Schwarze, Weiße – Ja, Gott hat alle Kinder lieb

Diesen Mini-Gottesdienst haben wir in der Faschingszeit gefeiert.

Thema:
Gott liebt alle Kinder dieser Welt

Hauptelemente:
- Erzählung »Jesus segnet die Kinder« (Markus 10,13-16)
- Aktion: Kinder lernen Typisches von Kindern anderer Länder kennen
- Lied »Ja, Gott hat alle Kinder lieb, jedes Kind in jedem Land...«

Vorbereitung (sehr aufwendig):
- Fische basteln
  entweder aus Zeitungen und Tapetenkleister (Pappmaché)
  Fische formen und die letzte Schicht mit farbigem Transparentpapier aufkleben,
  oder Fische aus Tonpapier ausschneiden
- Angeln basteln
- spitze Hütchen aus Tonpapier mit schwarzem Kreppapier als Zopf
- bunte Baströckchen basteln (eventuell aus Kreppapier)
- Federschmuck basteln (eventuell aus Tonpapier)

außerdem bereitlegen:
- Schlitten für »Eskimo-Strophe« im Lied
- Mokassins für »Indianer-Strophe« im Lied

Begrüßung:
Hallo, liebe Kinder – hallo, liebe Erwachsene.
Herzlich willkommen in unserer Kirche zum Mini-Gottesdienst.
Wir wollen heute miteinander singen, beten und eine Geschichte hören. Und wir wollen anfangen mit unserem Lied: Daß Gott sich daran freut. Alle stehen dazu bitte auf:

Lied:
»Daß Gott sich daran freut...« (mit Bewegungen; siehe Liedersammlung Nr. 3)

Gebet:
> Guter Gott, wir danken Dir,
> daß wir heute mit vielen anderen Kindern,
> Mamas, Papas, vielleicht Paten, Omas und Opas zusammensein dürfen.
> Schenke uns einen fröhlichen Gottesdienst.
> Bitte sei Du so nahe bei uns wie Vater und Mutter.
> Amen.

Erzählung:
Das ist die Bibel. In der Bibel sind Geschichten, die von Gott und Jesus erzählen.

Ich möchte euch heute die Geschichte erzählen, wie Jesus die Kinder segnet:
Jesus will allen Menschen von Gott erzählen. Er geht von Ort zu Ort. Und immer wenn er in ein Dorf oder in eine Stadt kommt, laufen die Leute zu ihm hin und wollen hören, was er sagt. Diesmal kommen viele Mütter und Väter mit ihren Kindern zu Jesus. Eine Frau trägt ein Kind auf dem Arm und führt eines an der Hand. Eine Familie läuft ganz schnell zu Jesus und ruft: Wir wollen zu Jesus. Er soll unsere Kinder segnen. Jesus soll unseren Kindern die Hand auf den Kopf legen und sie sollen spüren, daß Jesus sie lieb hat.
Doch da rufen die Freunde von Jesus: Halt, halt, was sollen denn die Kinder bei Jesus? Kinder können doch gar nicht verstehen, was Jesus sagt. Kinder sind zu klein. Geht wieder nach Hause. Da sind die Kinder und die Eltern traurig, weil sie nicht zu Jesus dürfen. Doch Jesus hat das alles gehört und er sagt zu seinen Freunden: Laßt die Kinder zu mir kommen. Auch die Kleinsten gehören zu Gott. Schaut, wie sie sich freuen. Nehmt euch ein Beispiel an ihnen.
Und Jesus geht zu den Kindern und redet mit ihnen. Dann legt er ihnen die Hände auf den Kopf und segnet sie. Die Kinder spüren: Jesus hat uns lieb. Wir gehören zu Gott.
(Nach Markus 10,13-16)

Weil Jesus uns lieb hat, wollen wir ein Lied, das wir schon kennen, singen:

Lied:
»Jesus hat die Kinder lieb, halleluja ...« (siehe Liedersammlung Nr. 18)
(dreimal singen)

Die Geschichte in der Bibel will uns sagen: Gott liebt die Kinder. Alle Kinder, die hier sind; auch alle Kinder, die jetzt nicht in der Kirche sind. Alle Kinder auf dieser Welt. Es gibt viele Länder auf der Welt, in der auch Kinder leben, die Gott lieb hat. Dazu wollen wir jetzt ein Lied lernen:

Lied:
»Ja, Gott hat alle Kinder lieb, jedes Kind in jedem Land.
Er kennt alle unsre Namen, alle unsre Namen,
hält uns alle, alle in der Hand.«

Refrain einmal vorsingen, einmal gemeinsam durchsingen, dazu klatschen
(siehe Liedersammlung Nr. 17)

Für die Erwachsenen kann man hier erwähnen, daß die Strophen des Liedes keinesfalls diskriminierend gemeint sind, sondern gerade den kleinen Kindern Vorstellungshilfen für die Lebensweisen anderer Menschen bieten können .

Wir singen jetzt die erste Strophe des Liedes vor und den Refrain singen wir alle zusammen:

»Ich bin ein kleiner Eskimo, aus Schnee bau ich mein Haus.
Und kommt kling-klang ein Schlitten 'ran, steck ich die Nase raus. –
Ja, Gott hat alle Kinder lieb ...

Zweite Strophe vorsingen, Refrain singen wieder alle zusammen:

»Ich habe einen langen Zopf, trag einen spitzen Hut.
Und meine Haut, die ist ganz gelb, das steht mir aber gut.
Ja, Gott hat alle Kinder lieb ...«

Dritte Strophe vorsingen, Refrain singen wieder alle zusammen:

»Bei uns im weiten Afrika, da scheint die Sonne heiß.
Ich bin ganz schwarz, hab krauses Haar und Zähne blitzeweiß.
Ja, Gott hat alle Kinder lieb ...«

Vierte Strophe vorsingen, Refrain singen wieder alle zusammen:

»In meinem bunten Federschmuck schleich ich mich durch den Wald
ganz leis auf meinen Mokassins. Wenn's knistert, mach ich halt.
Ja, Gott hat alle Kinder lieb ...«

Aktion für die Kinder:
Weil wir heute einmal an alle Kinder dieser Welt denken möchten, wollen wir mal
– so angeln wie die Eskimos in unserem Lied,
– so einen spitzen Hut aufhaben, wie die Chinesen in unserem Lied,
– so ein hübsches Röckchen haben wie die Afrikaner in unserem Lied,
– so einen Federschmuck wie die Indianer in unserem Lied aufsetzen.

Kinder gehen zu den vier Stellen und holen sich, was ihnen gefällt und dürfen es anprobieren/aufsetzen/mitnehmen.

Wir denken heute an alle Kinder dieser Welt und daß Gott alle Kinder lieb hat.

Wort an die Erwachsenen:
Wir möchten ihnen / euch einige Gedanken mitteilen, die wir uns bei diesem Mini-Gottesdienst gemacht haben: Unseren Kindern geht es gut, sie leben in guten Verhältnissen und im Wohlstand. Gottes Liebe ist da ein zusätzliches Geschenk, das wir gerne annehmen.
Sehr nachdenklich geworden sind wir bei den Kindern, die vom Leid und Elend des Krieges betroffen sind, die in der sogenannten dritten Welt leben bzw. nicht leben können. Wie wird Gottes Liebe da sichtbar?
Wir denken lieb an die hübschen Chinesenkinder und schwarzen Babies, aber wie sieht es aus mit unseren Vorurteilen gegenüber ausländischen Mitmenschen? Wo ist unsere Nächstenliebe sichtbar?

Gebet:

> Guter Gott, Du hast uns lieb.
> Das gibt uns Freude und Kraft,
> auch andere Menschen zu lieben.
> Dafür danken wir Dir.
> Wir bitten Dich um Phantasie,
> wie wir anderen Menschen unsere Aufmerksamkeit,
> unser Verständnis und unsere Liebe zeigen können.
> Amen.

All unsere Freuden, unsere Sorgen und Fragen legen wir nun in das

Vater unser

Segenslied:

»Herr, wir bitten: Komm und segne uns...« (mit Bewegungen; siehe Liedersammlung Nr. 12)

Einladung zum nächsten Mini-Gottesdienst und Verabschiedung

Unser nächster Mini-Gottesdienst findet am ... statt.
Dazu laden wir schon jetzt herzlich ein.
Nun wünschen wir noch einen gesegneten Sonntag und einen guten Nachhauseweg.
Auf Wiedersehen.

Einsichten und Ausblicke

Der Mini-Gottesdienst ist oft das i-Tüpfelchen der Mutter-Kind-Arbeit einer Kirchengemeinde. Durch diese Arbeit wird für junge Familien ein Angebot geschaffen, das sich
ganz nach den Bedürfnissen von kleinen Kindern und ihren Eltern richtet. Die Bedürfnisse
werden deswegen so gut aufgenommen, weil die Gruppen selber von Müttern, die in der
gleichen Lebenssituation sind, geleitet und vorbereitet werden. Die Eltern sind auf der
Suche nach religiösen Glaubensinhalten und einer Form, sie ihren Kindern zu vermitteln.
Der Mini-Gottesdienst bietet den idealen Raum hierfür. Er ist mit seiner Liturgie für uns
ein vollwertiger Sonntags-Gottesdienst.
Ebenso baut der Mini-Gottesdienst eine Brücke für Familien, die der Kirche fern sind. Die
Kirche kann zeigen, wie sie die Verantwortung für die von ihr getauften Kinder und deren
Eltern ernstnehmen kann. Täuflinge werden in der Kirchengemeinde aufgenommen und
die Eltern können streßfrei am Gottesdienstleben teilnehmen. Junge Familien sind – gerade nach dem Verschwinden der Großfamilie – in der Kirchengemeinde nicht mehr isoliert.
Oft gibt es nach der Taufe bis zum Kindergottesdienst kein Angebot der Kirche für die
kleinen Kinder mit ihren Eltern. Wenn die jungen Familien über den Mini-Gottesdienst
in die Kirche kommen und sich am Gemeindeleben beteiligen (Sonntagskaffee, Lieder-
nachmittage, Haushaltsfreie Samstage, Gesprächskreise in Erziehungsfragen usw. gestalten), **dann hat der Mini-Gottesdienst die Gemeinde verändert ...**

Uns beschäftigen die Fragen:
- Wie geht es weiter, wenn die Kinder aus dem Mini-Gottesdienst-Alter hinausgewach-
  sen sind?
- Wo sind wir als ganze Familie in unseren Gottesdienstformen angesprochen und
  eingeladen?
- Hat sich die Erwartung der jungen Gottesdienstgemeinde an den Sonntagsgottesdienst
  geändert?
- Ist ein Gottesdienst mit lebendigen Elementen für Groß und Klein, Alt und Jung, der
  Hauptgottesdienst der Zukunft?
Die leerer werdenden Kirchenbänke am Sonntag sprechen Bände.

So bleibt zum Schluß:

Mehr Mut...
... zu Gesprächen und Diskussionen über neue Gottesdienstformen,
über neue Wege im Gemeindeleben ...
... zur Auseinandersetzung auf allen Ebenen ...

Alle sind eingeladen, bei der Gestaltung unserer Kirche aktiv mitzuwirken!!

Kirche neu erleben und entdecken!

Liedersammlung

1. Brich mit den Hungrigen dein Brot

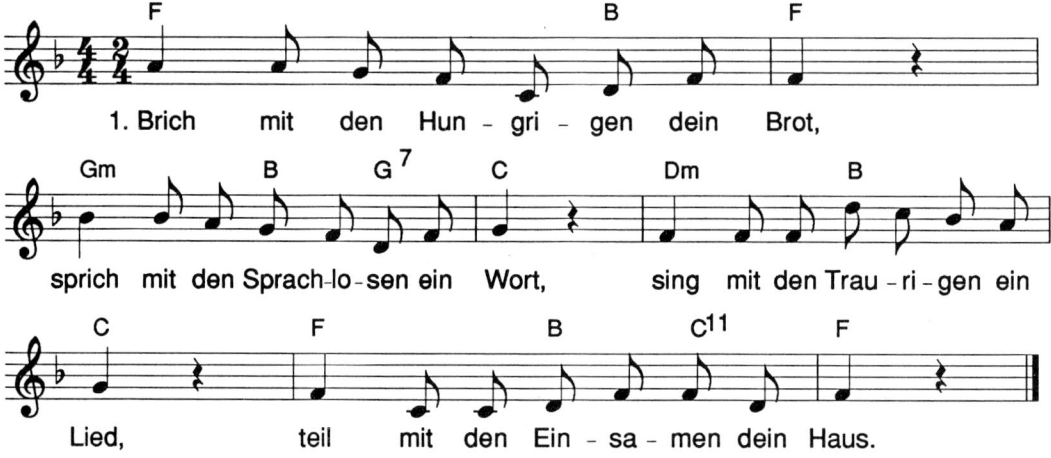

1. Brich   mit   den Hun – gri – gen   dein   Brot,

sprich   mit den Sprach-lo-sen ein   Wort,   sing   mit den Trau – ri-gen ein

Lied,   teil   mit   den Ein – sa – men dein Haus.

T: Friedrich Karl Barth
M: Peter Janssens
Aus: Unkraut Leben, 1977
Alle Rechte im Peter Janssens Musik Verlag, Telgte-Westfalen

2. Danket, danket dem Herrn

Dan - ket, dan - ket dem Herrn,

denn er ist sehr freund - lich,

sei - ne Güt und Wahr - heit

wäh - ret e - wig - lich.

Text nach Psalm 196,1
Kanon für 4 Stimmen, 18. Jhdt.
(EKG 336)

3. Daß Gott sich daran freut

1. Wir klat-schen mit den Hän-den, und al-le klat-schen
mit. Ja, klatscht mit eu-ren Hän-den und singt
für Gott ein Lied. Gro-ße Leut', klei-ne Leut'
sin-gen heut, klat-schen heut. Gro-ße Leut',
klei-ne Leut', daß Gott sich da-ran freut.

T: Rolf Krenzer
M: Anke Jöcker
Aus Buch, CD und MC: Wir kleinen Menschenkinder
Alle Rechte im Menschenkinder Verlag, 48157 Münster

Mit Bewegung:
Bei diesem Lied werden alle Leute gebeten, aufzustehen.

Refrain:

»Große Leut«	:	*auf die Zehenspitzen stellen und Arme weit nach oben strecken*
»kleine Leut«	:	*in die Hocke gehen und die Hände zum Boden strecken*
»singen heut, klatschen heut«	:	*im Rhythmus dazu klatschen*
»Große Leut«	:	*siehe oben*
»kleine Leut«	:	*siehe oben*
»daß Gott sich daran freut«	:	*im Rhythmus dazu klatschen*

*Immer das tun, was in der Strophe gesungen wird:
klatschen, stampfen, hören (Hand ans Ohr),
Hände geben usw.*

Anmerkung:

Wir singen den Refrain bei allen Strophen gleich:
Große Leut, kleine Leut,
singen heut, klatschen heut,
große Leut, kleine Leut,
daß Gott sich daran freut.
Wählen Sie drei oder vier Strophen aus, die für Sie passen oder passen Sie den Text Ihrem Bedarf an...

Strophen:

2. Wir stampfen mit den Füßen
   und alle stampfen mit.
   Ja, stampft mit euren Füßen
   und singt für Gott ein Lied.
   Refrain: Große Leut',
   kleine Leut',
   singen heut, stampfen heut.
   Große Leut',
   kleine Leut',
   daß Gott sich daran freut.

3. Wir hören mit den Ohren
   und alle hören mit.
   Ja, hört mit euren Ohren
   und singt für Gott ein Lied.
   Refrain: Große Leut',
   kleine Leut',
   singen heut, hören heut.
   Große Leut',
   kleine Leut',
   daß Gott sich daran freut.

4. Wir singen heut zusammen,
   und alle singen mit.
   Ja, singt jetzt mit zusammen
   und singt für Gott ein Lied.
   Refrain: Große Leut',
   kleine Leut',
   alle Leut' singen heut.
   Große Leut',
   kleine Leut',
   daß Gott sich daran freut.

5. Wir geben uns die Hände,
   und alle machen mit.
   Ja, gebt euch jetzt die Hände
   und singt für Gott ein Lied.
   Refrain: Große Leut',
   kleine Leut',
   alle Leut' singen heut.
   Große Leut',
   kleine Leut',
   daß Gott sich daran freut.

6. Wenn wir im Kreis uns drehen,
   dann machen alle mit.
   Ja, dreht euch jetzt im Kreise
   und tanzt für Gott ein Lied.
   Refrain: Große Leut',
   kleine Leut',
   singen heut, tanzen heut.
   Große Leut',
   kleine Leut',
   daß Gott sich daran freut.

4. Das wünsch ich sehr

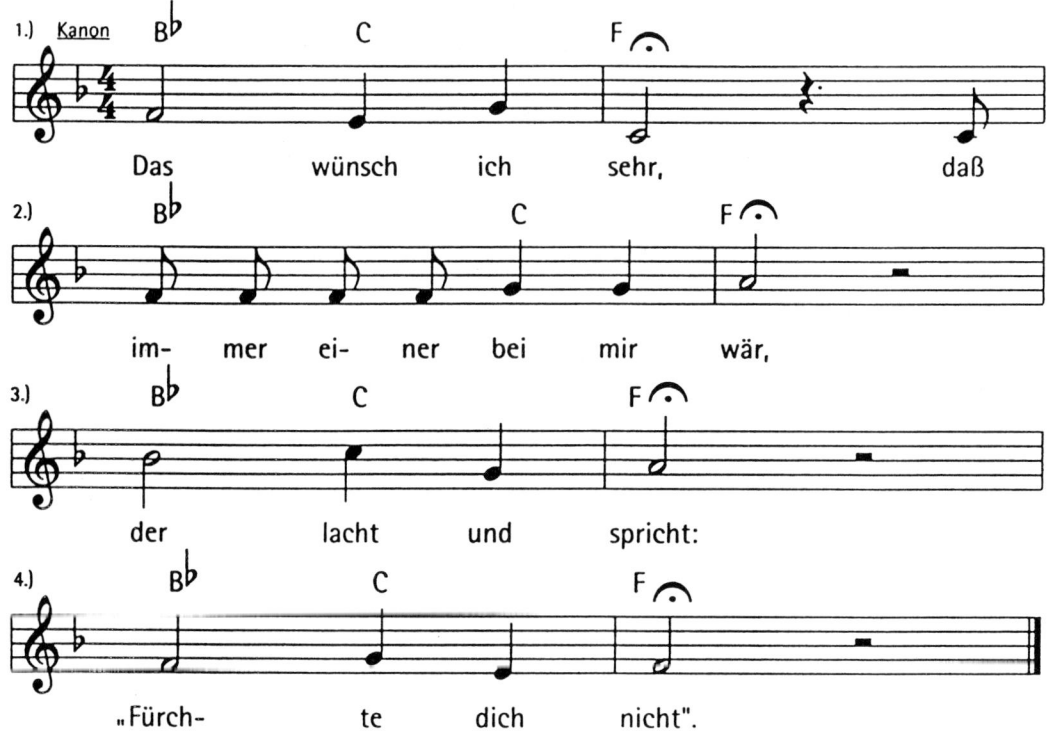

T: Kurt Rose
M: Detlev Jöcker
Aus Buch und MC: Licht auf meinem Weg
Alle Rechte im Menschenkinder Verlag, 48157 Münster

Eventuell mit Bewegung:

»Das wünsch ich sehr«	:	*sich selbst die Hände geben, um zu bitten*
»daß immer einer bei mir wär«	:	*Hände vor der Brust kreuzen und sich selbst umarmen*
»der lacht und spricht«	:	*beide Zeigefinger an den Mund legen*
»fürchte dich nicht«	:	*alle fassen sich im Kreis an den Händen*

5. Du gibst uns die Sonne

1. Du gibst uns die Son-ne. Al-les kommt von dir.
Du gibst uns die Son-ne. Da-rum dan-ken wir
dir, lie-ber Gott, dir, lie-ber Gott, je-den Tag dafür / für

T: Rolf Krenzer
M: Detlev Jöcker
Aus Buch, Cd und MC: Wir kleinen Menschenkinder
Alle Rechte im Menschenkinder Verlag, 48157

2. Du gibst Mond und Sterne.
   Alles kommt von dir.
   Du gibst Mond und Sterne.
   Darum danken wir,
   dir, lieber Gott,
   dir, lieber Gott,
   jeden Tag dafür.

3. Du gibst uns die Flüsse ...

4. Du gibst uns die Bäume ...

5. Du gibst uns die Blumen ...

6. Du gibst und die Tiere ...

7. Du gibst uns die Eltern ...

8. Alles, was wir haben,
   alles kommt von dir.
   Alles, was wir haben.
   Darum danken wir,
   dir, lieber Gott,
   dir, lieber Gott,
   jeden Tag dafür.

Weitere mögliche Strophen:

Du gibst uns die Früchte.
... die Vögel.
... die Fische
(Die Eltern singen:)
... die Kinder.

Anmerkung:

Dieses Lied ist ideal, um Gott für alles zu danken. Du gibst uns... hier können Sie alles einsetzen, was zu Ihrem Thema paßt. Wir klatschen immer bei: »dir lieber Gott, dir lieber Gott, jeden Tag dafür«.

6. Es läuten alle Glocken

1. Es läu-ten al - le Glo - cken, sie
läu - ten nah und fern. Sie ru - fen uns zur
Kir - che. Wir Kin - der kom - men gern.
Gott liebt die
Gott liebt die

1.
2.

Kin - der. Er lädt uns al - le ein.
Kin - der. Wir wol - len bei ihm sein.

T: H. Bergmann
M: H. Wortmann
Aus: Pfälzer Kindermesse, SU 330
© Studio Union im Lahn-Verlag, Limburg

7. Singt Frieden auf Erden

T: Arno Pötzsch
Singspruch und Kanon: Paul Ernst Ruppel. © Verlag Singende Gemeinde, Wuppertal

8. Gott baut ein Haus

T/M: Waltraud Osterlad, Rechte bei der Autorin
NB: Zu diesem Lied gibt es eine Tanzbeschreibung in: Katechetische Blätter, Kösel-Verlag, München,
Heft 9/1980, S. 729ff.

9. Große Leute, kleine Leute, feiern fröhlich Ostern heute

1. Gro-ße Leu-te, klei-ne Leu-te, fei-ern fröh-lich O-stern
heu-te, weil vom To-de Je-sus Christ auf-er-stan-den,
auf-er-stan-den, wirk-lich auf-er-stan-den ist.

T: Rolf Krenzer
M: Ludger Edelkötter
© Impulse Musikverlag, 48317 Drensteinfurt

10. Hallo, hallo, schön, daß du da bist

Hal-lo! Hal-lo! schön, daß du da bist! Hal-
lo! Hal-lo! Ich freu-e mich so sehr. Die
Ha-cken und die Spit-zen, die wolln nicht län-ger sit-zen. Die
Fer-sen und die Ze-hen, die wol-len wei-ter geh-en. —> sofort weiter

Bewegungen zu diesem Lied siehe Modell: Quelle unbekannt

»Schön, daß ich da bin.
Schön, daß du da bist.«

11. Herr, gibt uns Augen, die den Nächsten seh

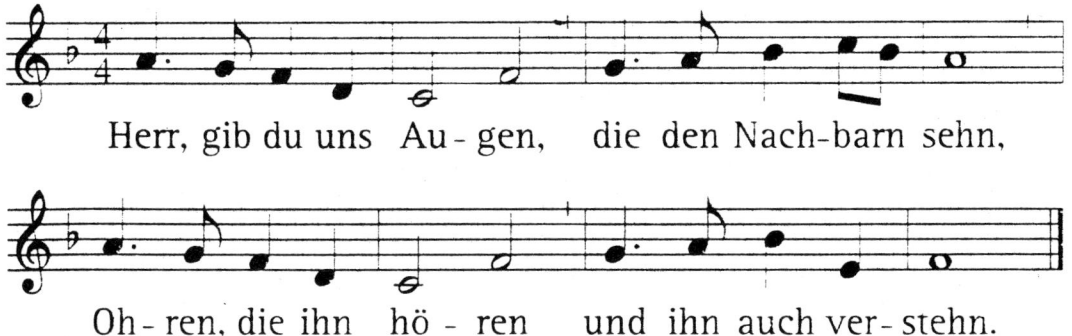

Herr, gib du uns Au - gen, die den Nach - barn sehn,

Oh - ren, die ihn hö - ren und ihn auch ver - stehn.

T: Friedrich Walz 1981
M: Aus Neuseeland
Textrechte: © Strube Verlag, München-Berlin (EKG 649)

2. Hände, die es lernen, / wie man hilft und heilt: / Füße, die nicht zögern, / wenn die Hilfe eilt.

3. Herzen, die sich freuen, / wenn ein andrer lacht; / einen Mund zu reden, / was ihn glücklich macht.

4. Dank für alle Gaben, / hilf uns wachsam sein, / zeig uns, Herz, wir haben / nichts für uns allein.

Anmerkung:

In Unserem Modell »Der barmherzige Samariter« haben wir den Text abgeändert: Statt »die den Nachbarn sehn« singen wir »die den Nächsten sehn«; wir haben nur die ersten beiden Strophen gesungen.

12. Herr, wir bitten: Komm und segne uns

Herr, wir bit-ten: Komm und seg - ne uns; le - g·

auf uns dei-nen Frie - den. Seg - nend hal-te Hän-de

ü - ber uns. Rühr uns an mit dei-ner Kraft.

T/M: Peter Strauch 1978
Satz: Klaus Heizmann
Aus: Ich will dir danken
Rechte: Hanssler-Verlag, Neuhausen-Stuttgart (EKG 572)

Mit Bewegung:
Wir laden alle ein, zu diesem Lied aufzustehen. 2 x singen:

»Herr, wir bitten:«
*wir drehen die Handflächen
nach oben und heben die Hände
ein kleines Stück an*

»komm und segne uns«
*wir strecken die Arme mit den
geöffneten Händen weit
nach oben*

»lege auf uns deinen Frieden«

wir überkeuzen die Arme
vor der Brust

»segnend halte Hände über uns«

wir bilden mit unseren Händen
ein Dach über dem Kopf

»rühr uns an mit deiner Kraft«

wir fassen uns
alle an den Händen

13. Heut ist ein Tag, an dem ich singen kann

1. Heut ist ein Tag, an dem ich singen kann. Heut ist ein Tag, an

dem ich singen kann. Ist das nicht ein Tag, an dem ich

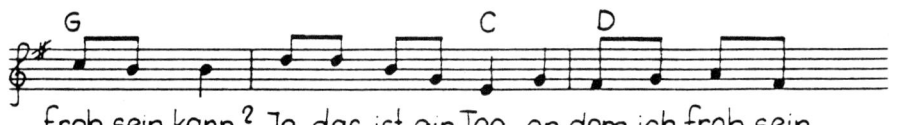

froh sein kann? Ja, das ist ein Tag, an dem ich froh sein

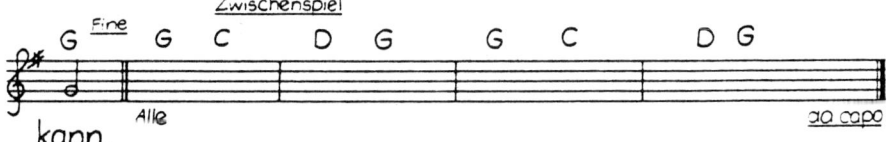

kann.

Weitere Strophen:

2. ... klatschen
3. ... lachen
4. ... flöten

T: Lore Kleikamp
M: Detlev Jöcker
Aus Buch, CD und MC: Elefantis
Liederwiese
Alle Rechte im Menschenkinder Verlag,
48157 Münster

Mit Bewegung:

*Jeweils das tun, was in der Strophe
beschrieben wird:*

... singen ...	:	*Melodie wiederholen mit »lalala«*
... klatschen ...	:	*Melodie wiederholen mit »lalala« und dazu klatschen*
... lachen ...	:	*Melodie wiederholen mit »hahaha«*
... flöten ...	:	*Melodie wiederholen und dabei pfeifen*

14. Ich bin bei euch alle Tage, seid nicht bang

Kanon für 3 Stimmen

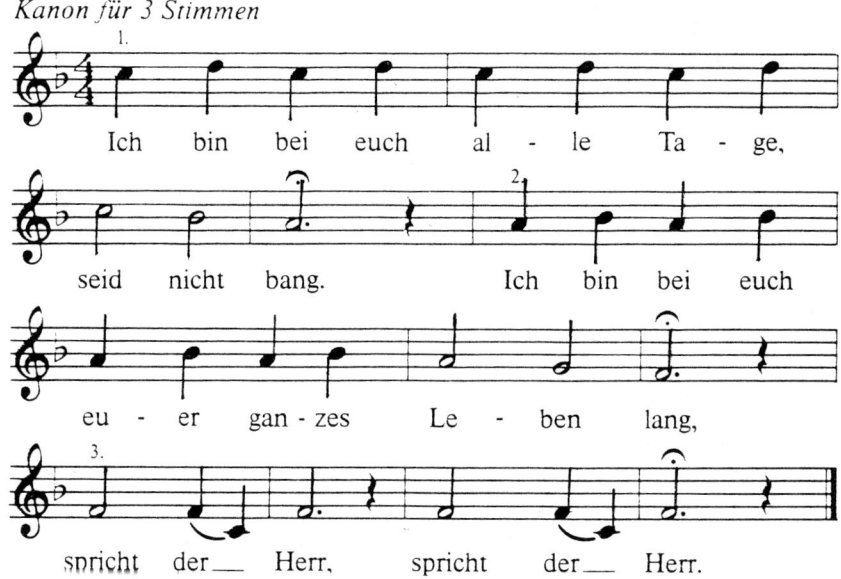

Ich bin bei euch al - le Ta - ge,

seid nicht bang. Ich bin bei euch

eu - er gan - zes Le - ben lang,

spricht der __ Herr, spricht der __ Herr.

15. Ich singe dir mit Herz und Mund

(ö)

Ich sin - ge dir mit Herz und Mund, Herr,
mei-nes Her - zens Lust; ich sing und mach auf
Er-den kund, was mir von dir be - wußt.

T: Paul Gerhard 1653
M: Nun danket all und bringet Ehr
Satz: Johann Crüger 1653 (EKG 324)

16. Ihr Kinderlein, kommet

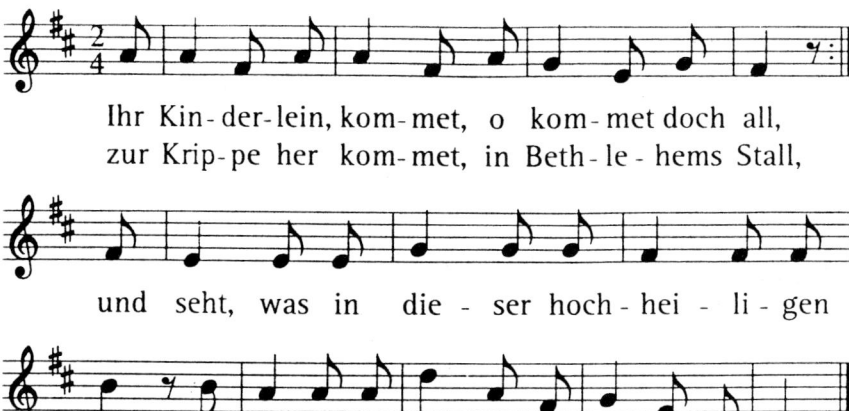

Ihr Kin-der-lein, kom-met, o kom-met doch all,
zur Krip-pe her kom-met, in Beth-le-hems Stall,

und seht, was in die-ser hoch-hei-li-gen

Nacht der Va-ter im Him-mel für Freu-de uns macht.

T: Christoph von Schmidt (1798) 1811
M: Johann Abraham Peter Schulz 1794
(EKG 43)

2. O seht in der Krippe im nächtlichen Stall, seht hier bei des Lichtleins hellglänzendem Strahl, in reinlichen Windeln das himmlische Kind, viel schöner und holder als Engel es sind.

3. Da liegt es, das Kindlein, auf Heu und auf Stroh, Maria und Joseph betrachten es froh, die redlichen Hirten knien betend davor, hoch oben schwebt jubelnd der Engelein Chor.

4. O beugt wie die Hirten anbetend die Knie, erhebet die Hände und danket wie sie; stimmt freudig, ihr Kinder, – wer wollt sich nicht freun? – stimmt freudig zum Jubel der Engel mit ein.

17. Ja, Gott hat alle Kinder lieb

T/M: Margret Birkenfeld
Aus: Sing mit uns ein neues Lied, Band 1. © Musikverlag Klaus Gerth, Asslar

2. Ich habe einen langen Zopf, trag einen spitzen Hut.
   Und meine Haut, die ist ganz gelb, das steht mir aber gut.
   Ja, Gott hat alle Kinder lieb ...

3. Bei uns im großen Afrika, da scheint die Sonne heiß.
   Ich bin ganz schwarz, hab krauses Haar und Zähne blitzeweiß.
   Ja, Gott hat alle Kinder lieb ...

4. In meinem bunten Federschmuck schleich ich mich durch den Wald
   ganz leis auf meinen Mokassins, wenn's kni-stert, mach ich halt.
   Ja, Gott hat alle Kinder lieb

5. Europa heißt der Teil der Welt, wo ich zu Hause bin.
   Und mein Gesicht, das ist ganz weiß, die Nase mittendrin.
   Ja, Gott hat alle Kinder lieb ...

6. Und ich bin das Zigeunerkind, zieh mit von Ort zu Ort.
   Doch wenn ich mal im Himmel bin, dann brauch ich nicht mehr fort.
   Ja, Gott hat alle Kinder lieb ...

18. Jesus hat die Kinder lieb

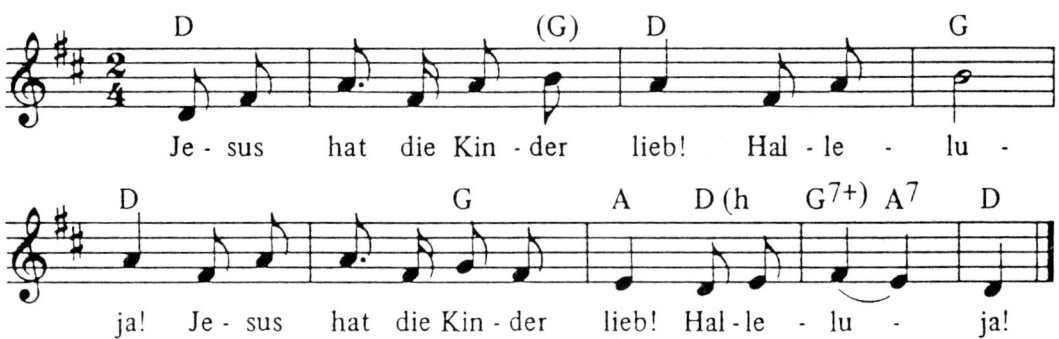

Textbearbeitung: Rolf Krenzer
M: Negro Spiritual, traditional

Anmerkung:

Hier können Sie je nach Thema die Namen der Kinder (z.B. bei Taufen) oder Personengruppen (Mütter, Väter, Eltern usw.) einsetzen, also:

Jesus hat den Stefan lieb, halleluja ...
Jesus hat die Mütter lieb, halleluja ...

19. Laßt uns miteinander singen, beten, loben den Herrn

Laßt uns mit-ein-an - der,   laßt uns mit-ein-an - der

sin - gen,   spie - len,   lo - ben   den Herrn!

Laßt uns das ge - mein - sam tun,   sin - gen, spie - len,

lo-ben den Herrn,   sin - gen, spie-len,   lo-ben den Herrn,

sin - gen, spie-len,   lo-ben den Herrn,   sin - gen, spie-len,

lo-ben den Herrn,   sin-gen, spie-len,   lo-ben den Herrn.

Text und Kanon für 4 Stimmen: Peter van Woerden
© Strube Verlag, München-Berlin (EKG 610)

Anmerkung:

Wir haben den Text abgeändert: statt »singen, spielen, loben« oder »singen, loben, danken« haben wir gesungen: »singen, beten, loben«. Was gefällt Ihnen?

20. Lobet und preiset, ihr Völker, den Herrn

1. Lo - bet und prei - set, ihr Völ - ker, den Herrn,

2. freu - et euch sei - ner und die - net ihm gern.

3. All ihr Völ - ker lo - bet den Herrn.

Text und Kanon für 3 Stimmen: mündlich überliefert (EKG 282)
Evang. Gesangbuch 337

21. Seht, die gute Zeit ist nah

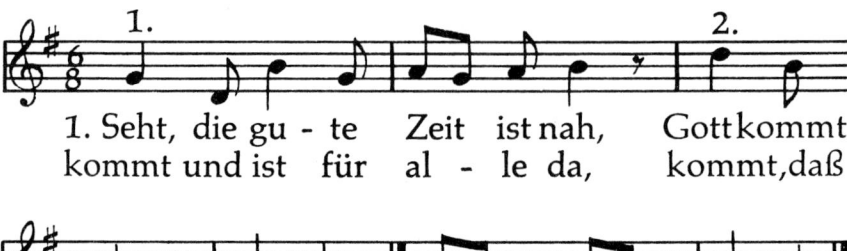

1. Seht, die gu - te Zeit ist nah, Gott kommt
kommt und ist für al - le da, kommt, daß

auf die Er - de, kommt, daß Frie-de wer-de.
Frie- de wer-de,

Auch im Kanon zu singen
T/M: Friedrich Walz 1972 nach einem Weihnachtslied aus Mähren
Textrechte: Verlag Ev.-Luth. Mission Erlangen (EKG 18)

2. Hirt und König, Groß und Klein,
   Kranke und Gesunde,
   Arme, Reiche, lädt er ein,
   freut euch auf die Stunde,
   freut euch auf die Stunde.

22. Stern über Bethlehem

Stern ü - ber Beth-le-hem, zeig uns den Weg,

führ uns zur Krip-pe hin, zeig, wo sie steht,

leuch - te du uns vor-an, bis wir dort sind,

Stern ü - ber Beth-le-hem, führ uns zum Kind!

T/M: Alfred Hans Zoller, 1964
Aus: Neue Geistliche Lieder (BE 285)
© Gustav Bosse Verlag, Kassel (EKG 545)

23. Vom Aufgang der Sonne

Vom Auf - gang der Son - ne

bis zu ih - rem Nie - der-gang

sei ge - lo - bet der Na - me des Herrn,

sei ge - lo - bet der Na - me des Herrn.

Kanon für 4 Stimmen

Text: Psalm 113,3
Kanon: Paul Ernst Ruppel 1938
© Möseler Verlag, Wolfenbüttel (EKG 456)

Mit Bewegung:

Alle bitte aufstehen.

»Vom Aufgang der Sonne«   *wir führen die Arme seitwärts nach oben und strecken uns ganz hoch auf die Zehenspitzen*

»bis zu ihrem Niedergang«   *wir führen die Arme wieder seitwärts zurück und gehen eventuell in die Hocke*

»sei gelobet der Name des   *wir klatschen im Rhythmus mit den Händen*
Herrn«

24. Wer sich auf Gott verläßt

1.Wer sich auf Gott ver-läßt, auf Gott, den Herrn al-lein, der ist wie ein Baum am Was-ser ge-pflanzt. So wird er ge-seg-net sein. Ja, so wird er ge-seg-net sein.

T: Rolf Krenzer
M: Detlev Jöcker
Aus Buch und MC: Deine Welt ist meine Welt
Alle Rechte im Menschenkinder Verlag, 48157 Münster

Anmerkung:

Die Bewegungen zu dem Vers »der ist wie ein Korn das aufgeht und wächst« finden Sie im Modell: »Ein Korn fällt in die Erde« (S. 101)

2. Wer sich auf Gott verläßt,
auf Gott, den Herrn allein,
der ist wie ein frisches Blatt
an dem Baum.
So wird er gesegnet sein.
Ja, so wird er gesegnet sein!

3. Wer sich auf Gott verläßt,
auf Gott den Herrn allein,
der ist wie ein Vogelkind
in dem Nest.
So wird er gesegnet sein.
Ja, so wird er gesegnet sein!

4. Wer sich auf Gott verläßt,
auf Gott den Herrn allein,
der ist wie die Blume,
die zart erblüht.
So wird er gesegnet sein.
Ja, so wird er gesegnet sein!

5. Wer sich auf Gott verläßt,
auf Gott den Herrn allein,
der ist wie die Sonne
strahlend hell.
So wird er gesegnet sein.
Ja, so wird er gesegnet sein!

6. Wer sich auf Gott verläßt,
auf Gott den Herrn allein,
der ist wie ein Licht,
das scheint durch die Nacht.
So wird er gesegnet sein.
Ja, so wird er gesegnet sein!

7. Wer sich auf Gott verläßt,
auf Gott den Herrn allein,
der ist wie ein Kind
bei den Eltern im Arm
So wird er gesegnet sein.
Ja, so wird er gesegnet sein!

8. Wer sich auf Gott verläßt,
auf Gott den Herrn allein,
der ist wie ein Korn,
das aufgeht und wächst
So wird er gesegnet sein.
Ja, so wird er gesegnet sein!

25. Wir fangen an, fröhlich zu sein

T: Rolf Krenzer
M: Detlev Jöcker
Aus Buch und MC: Und sie fingen an, fröhlich zu sein
Alle Rechte im Menschenkinder Verlag, 48157 Münster

2. Wir fangen an, fröhlich zu sein,
   und sind wir auch schwach und so klein
   denn Gott sagt ja ...

3. So singen wir aus Dankbarkeit
   und öffnen die Herzen so weit,
   denn Gott sagt ja ...

4. Sonst haben wir uns kaum gekannt.
   Jetzt stehen wir Hand in Hand,
   denn Gott sagt ja ...

5. So woll'n wir im Reigen uns dreh'n
   und froh miteinander nun geh'n,
   denn Gott sagt ja ...

26. Wir sind getauft, wir gehören zusammen

1. Wir sind ge - tauft.* Wir ge - hö - ren zu - sam - men.
Je - der ge - hört da - zu, auch ich und du.

T/M: Gertrud Lorenz
Aus: Gertrud Lorenz, Singen und Spielen. Einfache religiöse Lieder und Spiellieder.
Verlag Konrad Wittmer, Stuttgart

1. Wir sind getauft. Wir gehören zusammen.
   Jeder gehört dazu, auch ich und du.

2. Wir sind getauft, und wir sind alle Christen.
   Jeder gehört dazu, auch ich und du.

3. Wir sind getauft. Wir gehören zur Kirche.
   Jeder gehört dazu, auch ich und du.

4. Wir sind getauft und Gott kennt unsre Namen.
   Er hat uns alle lieb, auch dich und mich.

Anhang

Bezugsquellen

– *Osterkerzen:*
  Peter–Verlag, Erlbacher Str. 104, Postfach 1262
  91541 Rothenburg o.d. Tauber

– *Diaserien mit Bildern von Kees de Kort*
  sind im Buchhandel erhältlich
  oder auszuleihen in Bildstellen oder überregionalen kirchlichen Einrichtungen

– *Umwelt-KInderfibel mit Schallplatte*
  Bayerisches Umweltministerium, München

– *Elternbriefe zu Tauftagen*
  Evang. Werbedienst, Mittelstraße 11, Stuttgart

– *Ostheimer Holzfiguren*
  in fast allen Geschäften mit Holzspielwaren erhältlich

Hilfsmittel zum Selbermachen

Anleitungen für *Stabpuppen/Spielfiguren* usw. (siehe Fotos auf den Seiten 20,32)

Stabpuppen / Spielfiguren:

• Eine Styropor-Kugel mit einem Seidenstrumpf überzogen wird zum Kopf; das Gesicht wird aufgemalt oder mit Stoffaugen, -nase, -mund beklebt; die Haare sind aus Wolle. Der Kopf wird auf einen langen Holzstab gedrückt. Der Stab wird mit einem Stoff/Tuch umwickelt. Die Stabpuppe ist fertig!

- Wer viel Liebe, Zeit und Lust hat, kann die Puppen auch aufwendiger herstellen: Der Kopf kann mit Pappmache geformt und gestaltet werden. Der Körper kann Arme aus Stoff und Hände aus Pappe bekommen, in die hineingefaßt werden kann bzw. an die ein weiterer Stab angebracht werden kann, für differenziertere Bewegungen. So:

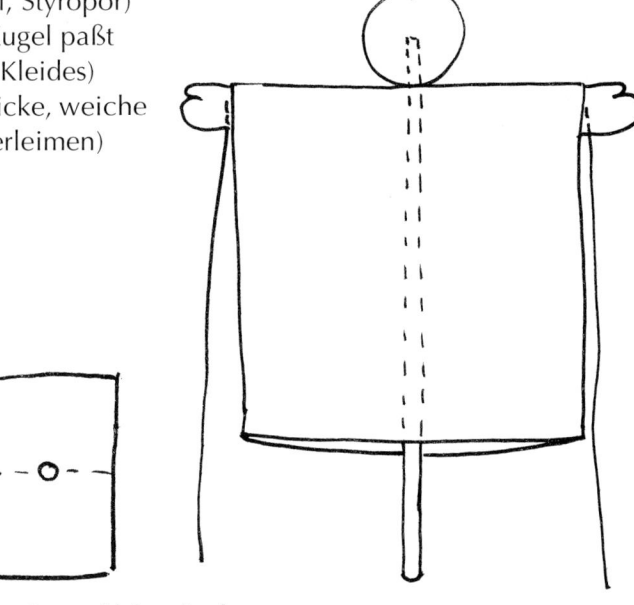

- Kugel mit Loch (Holz, Kunststoff, Styropor)
- 1 Stab, der in die Öffnung der Kugel paßt
- 1 Stück Stoff (2 x die Länge des Kleides)
- 2 Hände aus Pappe (entweder dicke, weiche Pappe oder 2 dünne aufeinanderleimen)

1. Hände am Stoff festnähen
- Stoff rechts auf rechts legen
- Hände in den Bruch legen (Daumen nach oben) (s. unten)
- Kleid zusammennähen, dabei die Hände mitfassen

— O— = kleines Loch

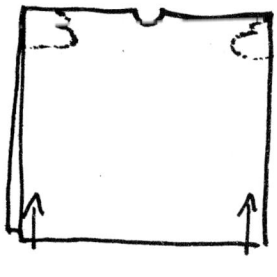

2. Stab durch das Halsloch stecken, in den fertigen Kopf (bemalt, modeliert oder pur) leimen

3. Halsausschnitt ankleben
alternativ: Keinen Halsausschnitt schneiden, den Stab samt Stoff im Kopf anleimen! (links)

4. dünne Stäbchen zwischen die Pappschichten der Hände schieben und festkleben

- Wenn's schnell gehen muß: Kochlöffel mit Stoffrest umwickeln!

Pappfiguren:
Zum Beispiel die Pappfigur Zachäus (ca. 1,50 m – siehe Fotos im Modell »Jesus und
Zachäus, S. 98) kann einfach auf Karton aufgezeichnet und ausgeschnitten werden
(Karton evtl. mit Karton-Streifen im Rücken verstärken); Wer beim Malen Probleme hat,
kann auch aus einem Buch eine passende Figur fotografieren, so ein Dia herstellen, dieses
Dia auf einen Karton projizieren und dann abmalen. Übrigens haben wir »unseren«
Zachäus in einem anderen Gottesdienst auch als Jesus hergenommen ...

Stellfiguren aus Pappe (als Alternative zu Holzfiguren)
– stabile Pappe, 30 – 35 cm hoch
– Holzbrettchen (für besseren Stand)

1. einfache Figuren ausschneiden (ca. 7 – 10 cm länger als gewünscht)

*2. Den unten überstehenden Teil
abknicken und einschneiden*

*3. Dann ein Teil nach vorn,
ein Teil nach hinten knicken*

*4. Wenn die Figur mehr Standfestigkeit braucht oder wenn mehrere Figuren gleichzeitig
agieren sollen (gleiche Bewegung), können die Stellflächen auf ein Holzbrettchen geleimt
werden.*

*Es gibt unzählige Möglichkeiten, Spielfiguren herzustel-
len. Lassen Sie sich zum Beispiel von Bastelvorlagen
inspirieren und entwickeln Sie eigene Ideen! Nur Mut!*

Anregungen für den Umgang mit Tüchern

Art der Tücher:

Geeignet sind alle Tücher, die Ihre Kinder oder Eltern-Kind-Gruppe auch sonst zum Spielen hernehmen: Seidentücher, Baumwolltücher, Halstücher, Schals usw.; Sie können auch Tücher (mit den Kindern – aber lieber nicht im Gottesdienst) selbermachen und bei verschiedenen Gelegenheiten immer wieder einsetzen:

Seidentücher naßmachen und zusammenknüllen; von Seidenmalfarben die Farbtöne, die man braucht (blau für Wasser, grün für Wiese, braun für Erde usw.) mit einem Pinsel auftragen und das Tuch zusammengeknüllt trocknen lassen; anschließend bügeln.

Sie können auch bunte Bettücher verwenden oder alte *Bettücher* mit Batikfarben einfärben und je nach Farbton wunderschöne Landschaften zaubern.

Einsatz von Tüchern:

Sie können Tücher einfach *hinlegen*: als Landschaft, als Himmel und Erde (siehe Schöpfungsbild, Foto S. 81), als Erde (siehe »Ein Korn fällt in die Erde«, Foto S. 102); als Trennungslinie zu den Kindern (siehe Foto S. 20). Unser schwarzes Tuch haben wir auch schon mal (links und rechts von einem Erwachsenen gehalten) *als Bühne* benutzt, hinter der die Stabpuppenspieler saßen.

Sie können auch das Tuch selbst *einsetzen*, um Sachverhalte, Gefühle u.ä. anschaulich zu machen: Mit dem schwarzen Tuch wurde die Ausgrenzung des Zachäus verdeutlicht (siehe Foto S. 98); im Gottesdienst »Wie sich Angst in Freude verwandelt« wurde mit dem Tuch Traurigkeit und Angst dargestellt; mit bunten Tüchern haben wir den Schmetterling aus der Raupe entstehen lassen. Ihnen fallen bestimmt noch mehr Ideen ein ...

Liedmappen

Billig und einfach ist es, bunten, entsprechend zugeschnittenen Fotokarton zu kaufen, diesen zu DIN A 5 oder DIN A 4 Mappen zu falten, zu lochen, mit einem Heftstreifen zu versehen und dann beliebig zu gestalten. Wie wäre es mit einem Linoldruck, der eine Familie auf dem Weg zur Kirche zeigt? Vielleicht wollen Sie aber auch bei einem Liedernachmittag im Gemeindehaus Handabrücke von Eltern und Kindern anbringen (»große Leut', kleine Leut' singen heut'...«)?

Lassen Sie Ihre kreative Ader glänzen! Übrigens: es macht auch mal Spaß, sich ohne Kinder zu treffen und zu basteln!

Rezepte

- **Roggenbrot** (»Danke für unser tägliches Brot«)

- 1/2 Würfel Hefe (20g)
- 3/4 l warmes Wasser
- 1 Btl. Sauerteig (150g) (Supermarkt oder Reformhaus)
- ca. 1 kg Roggenmehl Type 997
- 2 gehäufte Teelöffel Salz

am Vorabend:
Hefe in Wasser auflösen
Sauerteig dazugeben, verrühren
Mehl unterkneten (Teig sollte relativ fest sein)
dabei das Salz dazugeben

über Nacht zugedeckt an einem warmen Ort (Zimmertemperatur) ruhen lassen

am Morgen:
Teig zu einem Laib formen (nicht mit bemehlten Händen, sondern Hände immer in kaltes Wasser tauchen!)
auf ein Backblech mit Backpapier legen
mit einer Gabel mehrmals einstechen
Backofen vorheizen auf 250° C
Brot noch ca. 15 min. zugedeckt ruhenlassen
Brot in den Ofen schieben, dabei eine Tasse Wasser auf den Boden gießen, Tür schließen
nach 5 min. Temperatur zurückschalten auf 200° C und einen Topf kochendes Wasser auf den Boden stellen
ca. 1 Std. backen, das Brot ist fertig, wenn es hohl klingt, wenn man von unten ans Brot klopft.

- **Fladenbrot** (»Alle werden satt«)

375 g Roggenmehl
375 g Weizenmehl
40 g Hefe
1/4 l lauwarmes Wasser
1/8 l lauwarme Milch
1 TL Salz
– einen Hefeteig herstellen, gehen lassen, in 6 – 8 Stücke teilen.
– jedes Stück zu einem Fladen ausrollen
– ca. 20 min. gehen lassen
– bei 250° C backen

- **Lebkuchenherzen** (»Mini-Gottesdienst zur Kirchweih – Geburtstag unserer Kirche«)

2250 g Honig
750 g Zucker
240 g Butter oder Margarine
3 kg Mehl
3 Pck. Backpulver
3 Eier
450 g gemahlene Haselnußkerne
3 x Lebkuchengewürz
3 – 6 EL Milch

1. – Honig, Zucker, Fett – erwärmen + abkühlen
   – Mehl, Backpulver, Ei, Gewürz – mit der Honigmischung verkneten
   – Teig 2 Std. ruhen lassen
   – 1/2 cm dick ausrollen, mit Schablone oder Ausstechform Herzen ausstechen, Löcher
     mit einer Filzstiftkappe ausstechen
   – 15 bis 25 Min. bei 175° bis 200° C backen
   Ergibt je nach Größe: ca. 50 Lebkuchenherzen

2. Herzen mit Spritzglasur oder vor dem Backen mit Mandeln und Rosinen verzieren

3. Spritzglasur: 250 g Puderzucker sieben
   mit 1 Eiweiß und einigen Tropfen Zitronensaft verrühren
   Spritztüte aus Pergamentpapier drehen (oder eine Tüte von
   Eiskonfekt benutzen!)

4. Fertige Herzen in Frischhaltefolie wickeln und mit
   einer dicken Stopfnadel Geschenkbänder
   durch die Löcher ziehen.

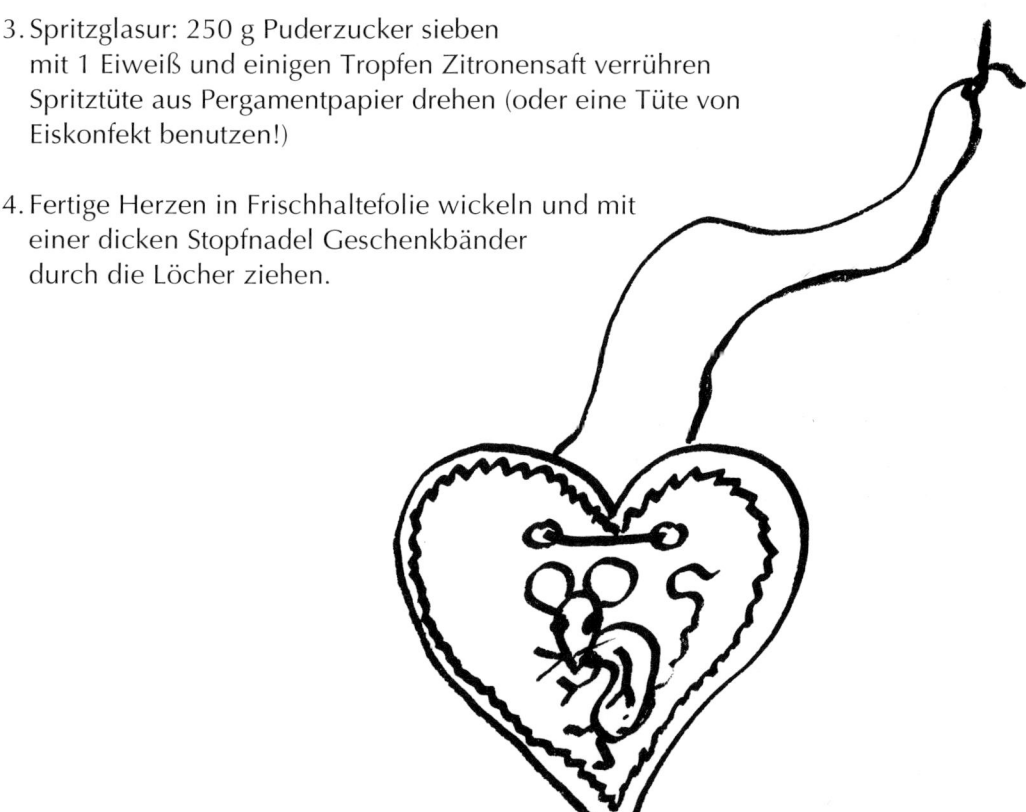

Literaturverzeichnis/ Quellen

Die Bibel
In heutigem Deutsch mit Erklärungen und Bildern: Die gute Nachricht des Alten und Neuen Testaments ohne die Spätschriften des Alten Testaments, Deutsche Bibelgesellschaft, Stuttgart 1983

Bibelbilderbuch - Band 4
Mit Bildern von Kees de Kort, Deutsche Bibelgesellschaft, Stuttgart 1986

Ernst Fischer u.a. (Hrsg.):
Gottesdienst im Urlaub. Ideen und Materialien für die Gestaltung von Gottesdiensten und zur persönlichen Andacht, Aussaat- und Schriftenmissionsverlag GmbH, Gladbeck 1980

Landesverband für Evang. Kindergottesdienstarbeit in Bayern:
KrabbelGottesdienst. Mit kleinen Kindern Gottesdienst feiern. Modelle und Überlegungen, Nürnberg

Arbeitsgruppe Kinderkatechismus (Hrsg.):
Erzähl mir vom Glauben - Ein Katechismus für Kinder -, Gütersloher Verlagshaus Gerd Mohn/ Verlag Ernst Kaufmann, Gütersloh/ Lahr

Rolf Krenzer:
Wir kleinen Menschenkinder, Menschenkinder Verlag, Münster 1993

Claudia Scharfenstein-Richter, Brigitte Smith:
Beten mit Kindern. Spielerisch das Gebet entdecken, Pattloch Verlag, Augsburg 1993

Regine Schindler:
Das verlorene Schaf. Bilder von Hilde Heyduck-Huth, Verlag Ernst Kaufmann, Lahr

Irmgard Weth:
Neukirchener Kinder-Bibel. Mit Bildern von Kees de Kort, Kalenderverlag des Erziehungsvereins, Neukirchen-Vluyn

Weitere Literatur, die Anregungen geben kann

Bibelbilderbuch – Band 1-5,
mit Bildern von Kees de Kort, Deutsche Bibelgesellschaft, Stuttgart 1986

Harald Gerke und Kerstin Neubauer:
Kirche für Krabbelkinder. Mit Eltern und Kleinkindern in der Gemeinde, Gütersloher Verlagshaus Gerd Mohn, Gütersloh 1993

Willi Hoffsümmer:
111 Bausteine für Gottesdienste mit 3-7jährigen und religöse Feiern im Kindergarten, Matthias-Grünewald-Verlag, Mainz 1985

Hans Martin Köbler:
12 Krabbelgottesdienste, Claudius Verlag, München 1992

Petra Langholz:
Der Baum der hundert Bitten. Kleinkindergottesdienste, Patmos Verlag, Düsseldorf 1995

Das Liederbuch zum Umhängen.
100 der schönsten religiösen Kinderlieder, Menschenkinderverlag

Klaus Meyer:
Krabbelgottesdienste. Mit Kleinkindern in der Kirche, Gütersloher Verlagshaus Gerd Mohn, Gütersloh 1991

Hrsg. Nürnberg Forum; Evang. Luth. Gemeindeakademie:
Es kribbelt und krabbelt, Rummelsberg 1992

Christel Oehlmann:
Garantiert erzählen lernen. Ein Übungsbuch, Rowohlt, Reinbek 1995

Bernhard Skrabal:
Schön, daß du da bist. Gottesdienste für kleine Kinder, Don Bosco Verlag/ Claudius Verlag, München 1990

Heidi und Jörg Zink:
Wie Sonne und Mond einander rufen. Gespräche und Gebete mit Kindern. Mit Bildern von Hans Deininger, Kreuz Verlag, Stuttgart 1989

»was + wie?« Arbeitshilfen zur religiösen Erziehung der 3-7jährigen
(jährlich 4 Hefte), Gütersloher Verlagshaus Gerd Mohn, Gütersloh

Liebe Leserin, lieber Leser!

Auf der letzten Seite angelangt, haben Sie eventuell schon Erfahrungen mit unserem Buch gesammelt und auch schon das eine oder andere Modell vor Ort erprobt.

Wenn Sie aus der Praxis heraus Fragen, Anregungen oder auch Kritik äußern möchten, wenden Sie sich bitte an uns – über die Adresse des Verlages:

Kösel–Verlag
Flüggenstraße 2
D-80639 München

Die Autorinnen sind auch im erwachsenenbildnerischen Bereich tätig, so daß Sie Anfragen wegen Fortbildungsveranstaltungen zum Thema Mini-Gottesdienst ebenfalls an diese Adresse richten können.